Karl Wilhelm Krueger

Über griechische Schulgrammatiken

Karl Wilhelm Krueger

Über griechische Schulgrammatiken

ISBN/EAN: 9783744610063

Hergestellt in Europa, USA, Kanada, Australien, Japan

Cover: Foto ©ninafisch / pixelio.de

Weitere Bücher finden Sie auf **www.hansebooks.com**

Ueber

griechische Schulgrammatiken

von

K. W. Krüger

mit einer Preisaufgabe (Pr. eintausend Thaler Gold).

~~~~~~~~~~

Ueber griechische Schulgrammatiken.

Nothwehr, wenn sie gelingen soll, muss offensiv verfahren.
(Göthe.)
Schröpfköpfe sind wohl angebracht wo sie stehen. (Göthe.)
Abschreckend und positiv gegen den Stümper. (Lessing.)

1. Exposition.

Wer mit Liebe einem Gegenstande funfzig Jahre[1]) anhängt,
der hat das Recht zu reden und wenn gar Niemand seiner
Meinung wäre. (Göthe.)[2]
Classische Werke können nur durch Männer hervorgebracht
werden die unter dem Harnisch grau geworden sind.
(Diderot.)

Sie wissen, mein verehrter Freund, wie ein überaus trauriges Ereigniss mich kürzlich aufs Tiefste betrübt hat. Zufällig bekam ich in dieser Stimmung eine für mich äusserst interessante Schrift in die Hände, das Protokoll der dritten Versammlung der Directoren der Gymnasien und der Realschulen erster Ordnung in Pommern. Stettin 1867. Diese Lectüre hat ein wahres Wunder an mir gethan, hat mich so ergötzt und aufgefrischt dass eine Dame (Sie wissen ja dass ich mit Damen viel und gern verkehre) die mich gleich darauf zu Gesichte bekam, erstaunt ausrief: so belebt und heiter habe sie mich noch nie gesehen; ich sei zwanzig Jahre jünger geworden. Und nichts war natürlicher als dies. Sie werden bald sehen warum.

Es war im Juni des Jahres 1867 als mein Dämonion, das mich, wie Ihnen bekannt ist, nicht bloss, wie einst den Sokrates das seinige, oft abmahnt, sondern auch nicht selten mich zum Handeln antreibt, mit gebieterischer, ja unwiderstehlicher Gewalt mich zur

---

[1]) Ich datire mein griechisches Studium von der Zeit an wo ich in Aug. Seidlers Zucht kam, der auf Grund einer zufällig von mir mit seinen Seminaristen mitgemachten Arbeit mir ohne meine Bewerbung (1817) eine Stelle im philologischen Seminar verlieh. Ich hatte bis dahin, wie z. T. auch noch später, Theologie studirt. Mitglied des theologischen Seminars, in das der wackere Knapp, dem ich viele schöne Bemerkungen über Latinität verdanke, trotz meiner rationalistischen Anschauungen bei der Disputation um die Aufnahme, mich recipirt hatte, blieb ich bis gegen das Ende des J. 1820. Meine letzte theologische That war die Verbesserung einer verzweifelten Stelle des Athenagoras die ich durch die Aenderung eines ν in ς (z. Dionys. p. 293, 23), der exegetischen Wunderthäterei der Theologen entrückt habe.

[2]) Nicht: von Göthe. Denn der feste Sprachgebrauch versetzt alle im höchsten Grade ausgezeichneten Adlichen unter die Bürgerlichen.

1

Abfassung einer Schrift drängte und mir nicht eher Ruhe, nicht
eher den schon längst nach einer Erholungsreise schmachtenden
von dannen liess als bis eine Broschüre „Ueber Herrn Prof.
G. Curtius Formenlehre" geschrieben und gedruckt war (um
die Mitte des August).*) Wozu diese Eilfertigkeit? wozu schon
jetzt? fragte ich und konnte mir keine Antwort geben. Indess,
dacht' ich, das Dämonion wird schon wissen warum es dich so ge-
drängt hat und auch du wirst zu rechter Zeit darüber Kunde erhalten. Und so geschah's. Als ich nach vier Wochen von einer
Reise heimgekehrt war, erfuhr ich wie eifrig und einflussreich an
der Einführung der Curtiusschen Grammatik auf Preussischen Schulen
gearbeitet werde; der Grammatik die ich, wie Sie mir schmeichelten,
durch mein Vademecum abgethan hätte: „der sei bewahrt und auf-
gehoben, äusserten Sie." Sie irrten darin, mein leichtblütiger Freund;
es bestätigte sich meine Prophezeiung Ueber Hn. Prof. Curtius
Formenl. S. 3: „Den von .mir geführten Beweis dass H. Curtius
einer der eclatantesten Ignoranten sei die seit Ph. Buttmanns
und A. Matthiäs Tagen es gewagt eine griechische Grammatik zu
schreiben wird man auf sich beruhen lassen; lauter und lauter wird
man die Erscheinung des neuen Messias bejubeln." Trotz meiner
vernichtenden Schrift hatte das Buch auch im Preussischen „begeisterte Freunde und Anhänger" gefunden oder behalten. Ja man hat
es sogar gewagt dem Verfasser alle die Eigenschaften die er augen-
scheinlich nicht besitzt mit Posaunenschall anzudichten. Seine Ignoranz und Unfähigkeit, wie fremde Verdienste, wollte man todt schwei-
gen. „In hoc signo vincemus," meinte man. Das war eine Erfahrung
die, nachdem ich dem Werke durch das erwähnte Schriftchen das
Siegel aufgedrückt hatte, nicht anders als mich auf die ausgezeich-
netste Weise ergötzen, ja mich einstweilen verjüngen konnte.
    Wird es Ihnen eben so ergehen, mein wahrheitsliebender Freund,
oder wird Ihr strenges Gesicht Ekel und Abscheu, Hohn und Spott
zur Schau tragen? Werden Sie wohl gar mich auffordern noch
einmal die Keule des Herakles zu schwingen, um allerlei Ungethüme
zu zermalmen? Sie pflegen zu sagen: „Wer bei den Kräften und
Mitteln zur Abwehr stillschweigend Unrecht dulde, verdiene es zu
erleiden." „Ungerechtigkeiten sich gefallen lassen heisse oft zu Ungerechtigkeiten gegen sich und Andere ermuthigen. Es sei aber
Pflicht gegen die Gesellschaft gewissen Leuten das Handwerk zu
erschweren und wo möglich zu verleiden." „Jeder der es könne
müsse vorkommenden Falles zur Beantwortung der Frage beitragen,
wie weit es der Gnade oder Ungnade erlaubt sein solle entschiede-

---

*) Wäre diese Schrift nicht so früh erschienen, so hätte man leicht in dem
Oechslein S. 4 eine boshafte Anspielung auf den Namen des Heisssporns der
Conferenz (Stettin den 12. 13. und 14. Juni) wittern können. Die beiden Verse
sind aus einem alten Kirchenliede und ich habe sie von meiner Kindheit an in
treuem Gedächtnisse bewahrt. Sie lauten eigentlich so:
                   Das Oechslein und das Eselein
                   Die lobten Gott den Herren sein.
Es wäre wohl zu wünschen, wenn die kernliederlichen Herren dafür sorgten
dass dies schöne Lied wieder eine Stelle im Gesangbuche fände. Oder ist es
etwa schon geschehn? Die folgenden drei Verse stehen ähnlich bei Gellert.

nes Verdienst zu unterdrücken, um Verdienstloses zu erheben, zu schützen, zu stützen." „Fais ce que dois, avienne que pourra." Mögen immer auch noch so Wenige bedenken: „tua res agitur, paries cum proximus ardet." „Ihre Pflicht, werden Sie sagen, ist es — Ihre Schuldigkeit zu thun."

In wie fern Ihre an sich wahren Sätze hier oder überhaupt irgendwo zur Geltung zu bringen sind, das, dächt' ich, wollen wir beide dahin gestellt sein lassen. Indess kann es immer nicht schaden wenn ich Sie, zur Nothwehr gegen Ungebührlichkeiten gezwungen, mit den Verhandlungen der erwähnten Conferenz näher bekannt mache. Nur dürfen Sie dabei nicht auf Vollständigkeit, nicht auf besonders gute Ordnung, nicht auf stilistische Sorgfalt Anspruch machen. Nicht auf Vollständigkeit: denn die Masse des hin und her Geredeten ist zu gross und zu unerquicklich als dass ich Alles durcharbeiten könnte. Nicht auf besonders gute Ordnung: denn es liegt Alles zu wüst und wirr durch einander als dass es sich gefügig bewältigen liesse. Nicht auf stilistische Sorgfalt: denn die Sache verlohnt sich nicht der Mühe und meine Stimmung dazu ist keine besonders geeignete. Da ich diese nicht commandiren kann, so muss ich schon gemäss einem Worte Güthes auf den Ruf eines Stilisten verzichten und Sie werden von der Forderung dass jede meiner Schriften besser als die vorhergehende abgefasst sein solle Abstand nehmen müssen. Je weniger aber mein Stil Sie befriedigen wird, desto mehr, hoff' ich, werden Sie sich an den Mottos erbauen. Verzeihen werden Sie mir hoffentlich den Egoismus offensiver Abwehr, der gelegentlich sich aufdrängen wird. Ein boshafter Dämon hat meine Herren Gegner tückisch verlockt so zu urtheilen als hätten sie es darauf angelegt sich eine vernichtende Niederlage zu bereiten.

2. Befähigung.

Deutsche sind so alte Leute,
Lernen doch erst reden heute.
Wenn sie lernen nur auch wollten
Wie recht deutsch sie handeln sollten. (Logau.)
Sie peitschen den Quark, ob nicht etwa
Crème daraus werden wolle. (Göthe.)

Wenn wir den Werth der Curtiusschen Grammatik beurtheilen wollen, so müssen wir uns vor allen Dingen über die Befähigung des Verfassers ein Urtheil zu verschaffen suchen. Ihnen, mein einsichtsvoller Freund, werde ich darüber auf eine sehr einfache Weise Genüge leisten können. Lesen Sie nochmals was ich im J. 1846 in meinen kritischen Briefen über Buttmanns griechische Grammatik S. 15f. geschrieben habe und setzen sie dort statt H. A. B. den Namen H. G. Curtius, so sind sie über die Befähigung dieses Herrn vollkommen wahrheitsgemäss unterrichtet. Die Worte lauten:

„Wenn ich den Character eines Menschen aus hinreichenden Zügen kennen gelernt habe, so kann ich seine Handlungsweise im Allgemeinen mit Sicherheit berechnen. Eben so ist es im Wissenschaftlichen. Man zeige an genügenden Thatsachen wess Geistes Kind ein Schriftsteller sei und jeder Kundige wird zu berechnen vermögen was der Mann überhaupt habe leisten können. Denn über sein Können kann sich doch Niemand erheben."

„Das erste Haupterforderniss zur Abfassung einer Grammatik ist dass der Verfasser Sprachforscher sei. Es ist ein völlig nichtiger Wahn dass man es mit diesem Erfordernisse bei einer Schulgrammatik so genau nicht nehmen dürfe. Schon Madvig erklärt: „ein Schulbuch muss die reifste Frucht eines strengen und gründlichen Studiums der Wissenschaft sein." Wenn irgendwo, so ist diese Forderung bei einer Schulgrammatik unerlässlich. Denn wer nicht Sprachkenner ist, und die Kennerschaft ist ohne Sprachforschung undenkbar, wird bei jedem Schritte Gefahr laufen zu straucheln.*)"

„Die Sprachforschung ist theils eine unmittelbare theils eine mittelbare."

„Die unmittelbare beruht auf dem Studium der Schriftsteller selbst, namentlich der mustergültigen. Nur wer sie mit grammatischem Sinn und Geist gelesen, nur wer sie mit feiner, scharfer und**) umsichtiger Beobachtung für den vorliegenden Zweck auszubeuten verstanden, der und nur der verdient den Namen eines Grammatikers."

---

*) Wer die naive Idee hat dass man sich schon mit fremden Forschungen begnügen könne höre was ein Mann der unter dem Harnisch grau geworden ist, Heinr. Ritter in seinem offenen Briefe an Leopold von Ranke S. 57 hierüber sagt: „Wenn ein anderer etwas erforscht hat, so muss man mühsam nachforschen; auf Treue und Glauben die Behauptungen der andern nachsprechen, das würde meiner eignen Wissenschaft mehr Schaden als Nutzen bringen; die Ergebnisse anderer zu prüfen kostet fast eben so viel Arbeit als sie in eigener Untersuchung zu finden. Die traditionell überkommenen Kenntnisse sind von viel geringerem Werth als die durch eigene Erfahrung und eigenes Nachdenken erworbenen." Vgl. mein Vademecum S. 15. Wie wenig Solche die weder gründliche Studien gemacht haben noch den erforderlichen Grad von Scharfsinn und Sagacität besitzen auch nur das ihnen dargebotene Bessere sich anzueignen vermögen hat H. A. Buttmann an der Art wie er die reichhaltigen Ausstellungen in meinen kritischen Briefen, die nach Gotthold s Urtheil „den Meister und die Mühe bekunden," benutzt oder nicht benutzt hat, auf eine kaum begreifliche Weise dargethan. Es ist wahrhaft zu bedauern dass der doch strebsame Mann von 1845 (siebzehnte Ausgabe) bis 1863 (einundzwanzigste Ausgabe) an grammatischer Durchbildung so wenig gewonnen hat. Auch in Bezug auf die Form hätte er aus den kritischen Briefen Viel lernen können. Warum hat er nicht, das γνῶθι σαυτόν würdigend, meine grössere Sprachlehre gründlich durchstudirt mit der Ueberzeugung dass nicht er, der weder kritisch noch exegetisch noch grammatisch recht geschulte, eine Kraft sei die sich anmassen dürfe mich übersehen, mich meistern zu können. Mein böses Buch ist nun einmal bis auf Weiteres eine dira necessitas für Jeden der wirklich Griechisch lernen will. Wenn H. A. Buttmann noch Grammatiker werden will, so muss er bald etwas dazu thun.

**) Dass H. Curtius für Sprachforschung im Griechischen ein irgend erhebliches Talent bekundet habe, können nur Ignoranten behaupten. Rücksichtlich der Syntax hat er selbst die Waffen gestreckt, anerkennend Vorr. zur ersten Aufl. S. IX „dass er aus K. W. Krügers allgemein anerkannten reichhaltigen und gediegenen Arbeiten schon viel gelernt habe." Dass er aber rücksichtlich der Formenlehre erst recht nichts geleistet habe, ja vielfach weniger als nichts, weil er mich nicht zu würdigen verstand, habe ich in meiner letzten Schrift eclatant bewiesen. Vgl. auch Vad. S. 14. 28.

„In diesem Sinne ist H. G. Curtius kein Grammatiker;
dass er es sei, werden selbst die kecksten seiner Gönner zu behaupten sich nicht erdreisten."

„Die mittelbare Sprachforschung, welche strenge genommen
keine ist, aber immer Anerkennung verdient, bethätigt sich zunächst
durch das Studium der alten Grammatiker, die zwar für ein Schulbuch keine sehr reiche Ausbeute liefern, aber doch manches sehr
Beachtungswerthe darbieten."

„Dass H. G. C. in dieser Beziehung kein Grammatiker
sei wird er hoffentlich selbst ohne Widerrede einräumen.*)"

„Unerlässlicher als dieses Studium ist eine genaue Bekanntschaft
mit den Schriften der bedeutendsten neueren Philologen, eine Bekanntschaft, ohne die sich auf diesem Felde nun einmal schlechterdings nichts Gediegenes leisten lässt."

„Dass H. G. C. auch in dieser Hinsicht auf den Namen
eines Grammatikers keine Ansprüche machen dürfe,
davon werden wir gelegentlich sehr überraschende Beweise finden.**)"

„Aber wenigstens doch in den gangbarsten Schulgrammatiken
wird er sich umgethan haben, wird selten oder nie Schlechteres
liefern wo diese mehr oder weniger allgemein längst Besseres darbieten."

„Ist es denkbar dass auch in dieser, der allertrivialsten Bedeutung H. G. C. nichts weniger sei als ein Grammatiker?"***)

Was für unzureichende Ergebnisse aus so ungenügender Ausrüstung hervorgehen müssen werde ich Ihnen, mein Freund, nicht
erst aufzuzählen nöthig haben. Jhrer eigenen Vergleichung und
Prüfung empfehle ich das was ich in der erwähnten Schrift S. 46
über die mehr oder weniger unausbleiblichen Folgen so schwerer
Unzuträglichkeiten ausgesprochen habe:

„Wenn ich nun die zurückgelegte Bahn überblicke, so wandelt
mich unwillkürlich das Gelüst an zu ermitteln welche Eigenschaften
und Erfordernisse der Bearbeiter zu dem Buche mitgebracht. Was
meinen Sie, haben wir Sprachkenntnisse auch nur in mässigem Grade
vorgefunden, etwa nur wie ein Dilettant besserer Art sie besitzt?
Ist uns irgendwo Fleiss von wirklich philologischem Gehalt aufgestossen? Haben wir auch nur eine leidliche Gewissenhaftigkeit bei

---

*) Dass auch dieser Satz auf Hn. Curtius die vollständigste Anwendung
findet, wird gewiss nicht leicht in Abrede stellen.
**) Dass gerade dies eine sehr schwache Seite bei Hn. Curtius sei habe
ich sowohl in meinem Vademecum als in meiner Schrift über die Formenlehre
desselben sehr genügend nachzuweisen Anlässe gefunden. Vgl. Vad. S. 28.
Gar zu Vieles was er in der Syntax bietet ist aus meiner Sprachlehre entnommen, keineswegs überall unverfälscht.
***) Wie über alle Begriffe unkundig H. Curtius in dieser Beziehung sei,
davon denk' ich hinreichende Belege in beiden Schriften geliefert zu haben.
Uebrigens mein' ich dass von allen den grammatischen Eigenschaften die ich
ihm abgesprochen habe Niemand wagen wird auch nur eine ihm anzueignen.
Meine kritischen Briefe trafen zwar Hn. Buttmann, waren aber nicht
auf ihn gemünzt, er konnte sie an die richtige Adresse verweisen. Unter der
Censur konnte ich natürlich nur den Sack schlagen, wem die Hiebe galten
wusste man. Es waren keine Windmühlen die ich bekämpfte.

Angabe der grammatischen Thatsachen kennen gelernt? Sind etwa
erhebliche Beweise von Klarheit und Schärfe vorgekommen? Was
für besondere Anlagen zu grammatischen Studien haben sich uns
bekundet? Oder gewahrten wir wenigstens ein gewisses Talent von
Andern Geleistetes mit Geschick für eignen Bedarf auszubeuten?
Bethätigte sich vielleicht ein feiner Sinn für Methodik und Didaktik,
mit vernünftiger Berechnung gebührender Rücksichten verbunden?
Stiessen wir auf eine Sprache die bestimmt, scharf, kurz, abgemessen
durch zweckmässige und behaltbare Fassung eine der ersten Bedingungen der Lehrbarkeit erfüllte?"

„Wer wagt es diese und ähnliche Fragen die sich darbieten,
ich will nicht sagen alle, sondern auch nur einige, mit Ja zu beantworten? Wer zu behaupten dass man ohne die erwähnten Eigenschaften auf dem fraglichen Gebiete etwas, ich will nicht sagen
Gutes, sondern auch nur Leidliches zu Tage fördern könne? Oder
sollen wir annehmen dass in unserer Zeit, einer Zeit der Wunder,
nie Gesehenes geschehen, Unmögliches wirklich geworden?"

3. Der Linguist und der Philolog.

Kein anderer ist's als eines Weibes Grund:
Es scheint mir so nur weil es mir so scheint. (Shakspeare.)
In dieser feisten engbrüstigen Zeit
Muss Tugend selbst Verzeihung flehn vom Laster,
Ja kriechen dass sie nur ihm wohlthun dürfe. (Shakspeare.)

Für Sie, mein wackerer Freund, und für Männer ähnlichen
Schlages wird das Gesagte wohl genügen um Hn. Curtius, der nichts
weniger als ein grammatischer Kopf ist, als griechischen Sprachforscher in die Rumpelkammer zu werfen. Wie ganz anders aber
klingt die Ansicht welche H. Stier, der eifrigste Vertreter des
Mannes, der verwegne Heisssporn der Partei, über ihn gewonnen
hat. „Curtius, sagt der kühne Anwalt S. 43, ist unter den Linguisten einer der klarsten und besonnensten, ferner derjenige der
am eingehendsten sich mit dem Griechischen beschäftigt hat." „Seine Werke, erklärt er S. 33., liefern jedem Unbe-
fangenen den Beweis dass er nicht nur zu den hervorragendsten **wissenschaftlichen** Forschern gehört, sondern zugleich zu den
besonnensten wo es gilt das Gewonnene für die Schule zu verwerthen." — „Vorläufig nehme ich davon Act dass nach fast allgemei-
nem Geständniss die Einführung der Curtiusschen Grammatik für
Secunda und Prima sowohl wegen der Syntax als wegen der
wissenschaftlich gesicherten Behandlung der Formenlehre, namentlich
auch des homerischen Dialekts, ein Gewinn wäre."

„Er spricht ein grosses Wort gelassen aus." (Göthe.)
Und nicht bloss gelassen, auch unbesonnen, so unbesonnen dass seine
Competenz in dieser Sache auf der Schärfe eines Scheermessers schwebt.
Denn wofern es sich ergeben sollte dass H. Stier über Hn. Curtius
als philologischen Sprachforscher ein völlig wahrheitswidriges Urtheil
ausgesprochen hätte, so wäre seine Competenz abgethan, er wäre
nicht blos intellectuell vernichtet. Warum also hat er sich nicht,
wie selbst der wilde Heisssporn Percy that, die Frage vorgelegt:

„Wär's gut
Die volle Summe dess was wir vermögen
Auf einen Wurf zu setzen? Solchen Schatz
Auf einer zweifelhaften Stunde Glück?

Die Herren Linguisten sind ein seltsames Völkchen. Im Griechischen scheinen sie sich das (sehr ausgiebig benutzte) Privilegium anzumassen recht wenig zu verstehen und dennoch darüber das grosse, d. h. nach Scherr das unverschämte Wort führen zu dürfen.*) Neben solchen Männern mag H. Curtius immerhin etwas bedeuten. Aber der Behauptung dass er sich eingehend, resp. am eingehendsten mit dem Griechischen beschäftigt habe kann nur ein Linguist sich erkühnen. Kein Mann der wirklich griechisch versteht, kein Philolog wird Ihn. Curtius die Benennung Grammatiker zugestehen, wozu mehr gehört als eine schlechte griechische Grammatik geschrieben zu haben. Aber noch mehr! Er soll sogar zu den hervorragendsten Forschern gehören! Herr Stier, Herr Stier! Sie sind ein grosser ─ Dichter. Der Mann wäre ein ausgezeichneter griechischer Sprachforscher? Womit wollen Sie das beweisen? Hat er etwa kritische oder exegetische Arbeiten über griechische Werke geliefert? hat er auch nur philologisch grammatisch arbeiten gelernt? Dass ich nicht wüsste; wohl aber weiss ich dass Niemand eine tüchtige Grammatik schreiben kann, wenn er nicht exegetisch wohl geschult ist. Oder hat er Monographien über griechische Formlehre oder Syntax verfasst? Auch davon habe ich keine Kunde erhalten; wohl aber weiss ich dass er, von den wesentlichlichsten Eigenschaften deren man bedarf, um auf diesem Gebiete etwas Anerkennenswerthes zu leisten, keine einzige besitzt. Vgl. Vad. S. 13. 14. 28. Wer aber so kecke Versicherungen vom Gegentheil, ohne sie beweisen zu können, ausspricht, der hat jeden Anspruch auf Competenz verwirkt.

Was H. Curtius für die Linguistik geleistet oder nicht geleistet haben mag, bleibe dahin gestellt, da die wirklichen oder erträumten Ergebnisse derselben für eine griechische Schulgrammatik jedenfalls bloss Nebensache sind, deren Zuziehung Manche für zweckmässig, Viele für hinderlich, Niemand für unentbehrlich erachtet. Jedenfalls möge man uns nicht weis

---

*) Wenn ich Director an einer Anstalt wäre, unfehlbar würde ich mir alle Linguisten vom Halse halten oder mir vom Halse schaffen, z. B. durch Empfehlung zu Stellen von Secretairen, Registratoren, geheimen Räthen oder so etwas. (Die Herren sehen wie liebevoll ich gegen sie gesinnt bin.) Wie Viele unter ihnen sind denn die ohne sich lächerlich zu machen als Sprachforscher im Griechischen auftreten könnten? Ich fürchte nicht dass sie die Fingerzahl erreichen werden. Zu vergleichenden Sprachspielereien hat freilich jeder gutgesinnte Streber Talent genug; allein dies Studium, unkritischen Confusionsgeist nährend, verfaselt die Köpfe und an Faselern haben wir ohnehin keinen erheblichen Mangel, während wir uns eines Ueberflusses an tüchtigen Philologen keineswegs rühmen können. Dies ist zum Theil eine Folge der sprachvergleichenden Linguistik. Spielt immerhin, Kinderchen, spielt mit eurem Steckenpferdchen, aber drängt Euch nicht in Stellen für die man grammatisch, exegetisch und kritisch wohlgeschulte Philologen gebraucht. Aehnlich habe ich mich schon vor dreissig Jahren in der Rec. der Kühnerschen Schulgr. Stud. 2. S. 48 ausgesprochen: „In solcher Weise mag man, wenns beliebt, Sanscrit treiben, aber im Griechischen, wo wir nun einmal aller Sprachfaselei, die sich selbstgefälligen Behagens voll als wissenschaftliche Sprachforschung einschmuggeln möchte abhold sind, fordern wir Schärfe und Klarheit, Sichtung und Sonderung."

machen wollen dass wer die Sporen des Hahns zu zeichnen sich
geübt hat, desshalb auch den Hahn zu malen verstehen müsse.
Als ich mein Vademecum für Hn. G. Curtius, in dem ich von
dessen Unwissenheit im Griechischen nur Beispiele aus der Syntax
anführte, geschrieben hatte, musste ich natürlich erwarten dass man,
auf diesem Felde geschlagen, sich in die Formlehre retiriren würde.
In einer Anzeige meiner Schrift soll man mir dabei derbe Eins versetzt haben: „ich schiene gar keinen Begriff davon zu haben was
für eine grosse Arbeit in Hn. Curtius Formenlehre stecke." Ich
Leichtsinniger! habe da eine, ja zwei griechische Sprachlehren geschrieben ohne von den Schwierigkeiten eines der Haupttheile auch
nur einen Begriff zu haben. Sieht mir das ähnlich? Kaum! In
der That find' ich in meinen Schriften (krit. Br. S. 10f. und in
meiner Recension der Kühnerschen Gr. Stud. 2. S. 33) einige Stellen die sehr geeignet sind meinen Leichtsinn als fraglich erscheinen
zu lassen. Sie werden auch hier an ihrer Stelle stehen:

„Um es zu wiederholen, ich schätze Philipp Buttmanns Arbeiten, namentlich in Bezug auf die Formenlehre, bin aber viel zu genau mit den bezüglichen Gegenständen bekannt, um seine Verdienste
zu überschätzen. Will man der Wahrheit die Ehre geben, will
man abziehen was er von seinen Vorgängern oder Zeitgenossen entlehnt hat, so bleibt die Summe seiner Verdienste eine zwar recht
achtungswerthe, aber doch eine ziemlich mässige. Was ich darüber im
Jahre 1838 ausgesprochen habe und wofür jetzt meine Arbeiten
zahlreiche Belege bieten beweist wie bestimmt ich schon damals
bei aller Anerkennung die herkömmliche Ueberschätzung Philipp
Buttmanns abgelehnt habe. Lesen Sie die Stelle immer noch
einmal:"

„Durch seine Formlehre hat sich dieser Gelehrte, wie allgemein
anerkannt wird, um ein gründlicheres Studium des Griechischen die
ausgezeichnetsten Verdienste erworben. Leider aber schrieb er dieses Buch nicht in den Jahren wo er sich noch einer kräftigen und
rüstigen Gesundheit erfreute; und so entschuldigt es sich leicht dass
er sein Werk nicht zu der Vollendung führen konnte welche demselben zu geben Kräfte und Mittel ihm in seltenem Grade zu Gebote standen."

„Wer die Sache etwas genauer untersucht wird bei jedem Schritte
wahrnehmen dass Buttmann eine der wesentlichsten Vorarbeiten
(vielmehr die wesentlichste) nicht gemacht, dass er nie auch nur
die Hauptschriftsteller planmässig für sein Werk durchgelesen hat.
Seine sehr desultorische und, wie es scheint, nicht eben ausgebreitete Lectüre hat er freilich mit seltener Geschicklichkeit zu ergän-
zen gewusst durch Indices, Noten, Mittheilungen Anderer. Indess
begreift es sich leicht dass dergleichen Surrogate nicht überall in
zureichendem Masse zu Gebote standen; und so ist es nicht zu ver-
wundern dass man schon aus diesem Grunde bei dem verdienstli-
lichen Werke, selbst rücksichtlich der attischen Prosa, zahllose Zu-
sätze und Berichtigungen machen kann."

„Unstreitig ist es recht löblich, wenn Jemand Verbesserungen,
so weit eine rhapsodische Lectüre ihm Stoff dazu liefert, gelegentlich mittheilt oder sonstigen Gebrauch davon macht. Indess wird

hiemit im Ganzen nicht viel gewonnen, dem Nachprüfenden kaum einige Mühe erspart. Wesentlich kann die Sache nur dadurch gefördert werden dass man nachholt was Buttmann verabsäumt hat und die Hauptschriftsteller in gereinigten Textabdrücken der Reihe nach für die Formlehre durchliest, mehr als Ein Mal durchliest. Denn auch die schärfste Aufmerksamkeit kann unmöglich immer so gespannt sein, dass sie bei einmaliger Lectüre nicht Manches übersehen sollte.*)"

Schon gut! dürfte man sagen, diese Stellen zeigen dass Du die Schwierigkeiten gekannt, beweisen sie aber auch dass Du sie erledigt, im hinreichenden Masse erledigt hast? Darüber erlaube man mir das Zeugniss eines früher mir nur dem Namen nach bekannten, also unparteiischen Philologen von unbezweifelter Competenz, des Herrn Rector Fr. Franke, geltend zu machen, der in der ZAW. 1844 Nr. 4. S. 826 in einer ausführlichen Recension des ersten Bandes meiner gr. Sprachlehre unter Anderm Folgendes ausspricht:

„Unterzeichneter übernahm die Anzeige dieses Buches, mit welcher ihn die Redaction beehrte, mit freudiger Bereitwilligkeit, weil sich ihm so die Gelegenheit darbot nicht etwa Hn. Kr. zu meistern oder über Einzelnes mit ihm zu rechten, sondern namentlich jüngere Leser dieser Zeitschrift auf ein Werk aufmerksam zu machen welches kein Philolog entbehren kann. Denn in der That, wenn Unterzeichneter sagen sollte welchen Theil der Grammatik er für den bedeutenderen halte, er würde in grosse Verlegenheit kommen. Die Formenlehre, trotz dem dass· sie kaum 192 Seiten einnimmt, enthält bei der kernhaften Kürze, deren sich der Verfasser durchweg befleissigt hat, für die gewöhnliche, vorzugsweise die attische Prosa, mehr als all'e bisherigen Grammatiken zusammen genommen; es ist kaum ein Paragraph in welchem nicht eine oder die andere Belehrung die in andern Grammatiken vergebens gesucht wird zu holen wäre."

Dies hat auch H. Kühner erkannt, der aus meiner Recension seiner Grammatik genug gelernt hatte, um einzusehen dass meine Angaben in solchen Sachen zuverlässiger seien als die seinigen, während H. Curtius gelegentlich noch von diesem längst Verworfenes einführt, dies und Anderes daher, weil er zu sparsam war, sich neuere Ausgaben anzuschaffen. Er mochte denken, die Fehler

---

*) Die stereotype Ueberschätzung besonders des officiell oder officiös einmal Belobten oder Beliebten ist eine loyale Deutschheit die man oft bis zur Albernheit übertreibt. Diese Schwäche ausbeutend erreicht Gaunerei es z. B. gutgesinnte Historiker, die durch Entstellen und Verhehlen pfiffig zu verfälschen wissen, durch geeignete Leithammel, wie intrigante Freimaurer, reiche Juden mit ihren geistreichen Einflüssen, willfährige Studenten, en vogue zu bringen, „weil das Menschengeschlecht sich durchaus heerdenmässig bewegt" (Göthe an Zelter 4 S. 339.) So bildet man Ruhmfabriken. Durch gleiche Künste weiss man auch das Gediegene herabzusetzen. Wie übrigens ein berühmter Philolog die Buttmannsche Grammatik, die „sich überlebt" habe, beurtheilte ersehe man aus dem Briefe in meinem Vademecum S. 30: „Was Sie über Buttmanns Grammatik sagen ist gewiss richtig. — Ich musste sagen dass es keiner neuen Auflage, sondern eines neuen, ganz von Frischem gearbeiteten Buches bedürfe."

die er darüber verschulden dürfte, würden schon von seinen begeisterten Freunden auf die Hörner genommen und Alles von ihnen zum Besten gekehrt und gewendet werden.

4. Forschung und Leistung.

Wer dem Publicum dient ist ein armes Thier,
Er quält sich ab; Niemand bedankt sich dafür.   (Göthe.)

Hätt' ich gezaudert zu werden,
Bis man mirs Leben gegönnt,
Ich wäre noch nicht auf Erden,
Wie Ihr begreifen könnt,
Wenn Ihr seht wie sie sich gebärden,
Die, um etwas zu scheinen,
Mich gern möchten verneinen.   (Göthe.)

Sie wissen, mein vielerfahrner Freund, wenn man in Deutschland ein entschieden verfehltes Buch anempfehlen will, so nennt man es praktisch oder wissenschaftlich. Der Bornirtheit ist so etwas einleuchtend. Denn es giebt unter uns gar zu Viele die nur zu geneigt sind ohne Prüfung das Alberne als praktisch und das Wirrköpfige als wissenschaftlich dankbar aufzunehmen. Wer möchte zweifeln dass dies auch für die begeisterten Herren Curtianer die letzte Retirade sein werde? Wenn nur nicht das Wissenschaftliche auf Unwissenheit, das Praktische auf Verkehrtheit beruht! „Meine eignen Studien, sagt H. Curtius Vorr. zur neusten Aufl. S. IV, haben sich von jeher vorzugsweise auf die Formenlehre bezogen." In der Vorr. zur ersten Auflage erklärt er: „die Formenlehre der griechischen Sprache ist ein Feld dessen wissenschaftlicher Anbau den Verf. nun (1852) schon länger als ein Jahrzehend vorzugsweise beschäftigt." Also im J. 1868 länger als ein Vierteljahrhundert. Des fleissigen, des gewissenhaften Mannes! Wird er nicht reiche Früchte auf diesem so ausserordentlich ausgebreiteten Felde eingeheimst, nicht zahllose Berichtigungen festgestellt haben? Doch wie lautet die Antwort auf diese Frage? Womit hat er seine Forschungen bewiesen? Immerhin mag er an seiner Formenlehre zehn Jahre lang herumgepusselt haben um eins oder das andre Linguistische anzuflicken, aber seine linguistischen Zuthaten abgerechnet hat er in der Hauptsache nichts oder doch so gut wie nichts geleistet. So gut wie nichts sag' ich? Nein! viel weniger als nichts. Nicht einmal seine Vorarbeiter gewissenhaft benutzend hat er eine Anzahl z. T. kläglicher Fehler eingeschmuggelt, wie ich ihm in meiner Schrift Ueber Hn. Curtius gr. Formenlehre S. 14—21 nachgewiesen habe. Eine Schrift die ihm durch des Schicksals Tücke, obgleich sie schon in den ersten Tagen des September 1867 in Leipzig ausgegeben wurde, unbekannt geblieben ist, so dass die erwähnten Fehler unangetastet auch in der neusten Auflage seiner Grammatik (1868) fortgepflanzt sind. Dabei ist er so unglücklich gewesen dass er nicht einmal entdeckt hat welchen seiner Vorgänger er am meisten vertrauen dürfte, was er doch schon von Hn. Fr. Franke hätte lernen können und was, so viel ich weiss, auch von Andern längst anerkannt ist.

Doch vielleicht haben seine Forschungen sich vorzugsweise auf die poetische und dialektische Sprache erstreckt. Herr Stier preist ja die wissenschaftlich gesicherte Behandlung namentlich auch des homerischen Dialekts. Nun diese Wissenschaftlichkeit wird auch hier auf Unwissenheit hinauslaufen, da H. Curtius von meiner poetischen und dialektischen Formlehre, die schon im J. 1844 und im J. 1862 bereits in der vierten Auflage erschien, noch im J. 1868 keine Kunde gehabt hat, wie auch nicht von meiner homerischen und herodotischen Formlehre, die zuerst 1849 und in der vierten Auflage 1862 herausgekommen ist. Ueber solche Kleinigkeiten setzen sich die begeisterten Herren hinweg, nur darüber als gute Praktiker erfreut dass H. Curtius einige Bemerkungen über Homer und Herodot, nach keiner Seite irgendwie ausreichende, unter dem Text seiner Grammatik angeflickt habe, womit er wohl selbst schwerlich sich begnügt haben würde, wenn er von der Masse des betreffenden Materials hinreichend unterrichtet gewesen wäre. Dass er auch meine poetische und dialektische Syntax (1853 und 1859) nicht gekannt habe versteht sich eben so sehr von selbst als dass er auf diesem Gebiete nicht viel mehr als gar nichts geleistet habe. Wie wär' es also, wenn H. Curtius, wie eine Truppenschaar die ohne Schiessbedarf und Lebensmittel von einem übermächtigen Feinde in einem Bergkessel sich eingeschlossen findet, auch auf diesem Felde, nachdem er zehn Jahre lang auf demselben eifrig — nichts geschafft hat, die Waffen streckte, wie er es ganz ehrenhaft schon in Bezug auf die Syntax gethan hat?

„Wer eine Ahnung von den Aufgaben hat, sagt er in der Vorr. zur neuesten Auflage S. V, die hier an jeden herantreten, der selbständig urtheilen und die Wissenschaft fördern will, weiss auch dass es unmöglich ist in gleichem Masse*) die Syntax zu beherrschen." Nun jene Ahnung habe ich gehabt, habe sie sehr lebhaft gehabt; diese Unmöglichkeit jedoch nicht anerkannt. Wahrlich wenn ich mir hätte sagen müssen, was Hn. Curtius nachgewiesen ist, dass ich weder in historischer Feststellung des Formalen noch in Begründung der Syntax durch eigene Forschung etwas irgend der Rede Werthes leisten könnte, so würde ich es nimmermehr gewagt haben eine griechische Schulgrammatik zu schreiben, an die man mit Recht grosse wissenschaftliche Ansprüche macht; würde es nicht gewagt haben, auch wenn ich alle die grammatischen Talente die dazu sonst noch erforderlich sind und die H. Curtius erweislich nicht besitzt, mir zugetraut hätte. Es ist ein grosser Irrthum wenn er wähnte durch Benutzung meines Werkes, dem er die Ehre erwiesen hat es vorzugsweise auszubeuten, corruptis corrumpendis eine gute Syntax liefern zu können.

Oder wäre dies doch möglich? H. Stier versichert ja mit jenem Plagiatenthusiasmus, der unter den Deutschen nicht selten ist, S. 33.: „Seine Grammatik nun zeichnet sich, wie ich absichtlich hier zum Voraus constatire, aus durch eine vortreffliche Darstellung der Syntax. Auch nicht eine Stimme in den zahlreichen Gutachten, wenn dieselben überhaupt auf dieses Gebiet eingingen, hat die Syn-

---

*) „in gleichem Masse" wie die Formlehre? Was hat er denn aber von dieser beherrscht?

tax nicht gerühmt — einige, wie Stolp (Dir. Schütz) in hervorragender Weise.“

Ein kluger Mann das! Wie pfiffig er uns Einstimmigkeit oder
fast Einstimmigkeit der zahlreichen Gutachten vorzuzaubern weiss.
Und warum nicht? Nonne qui tacet consentire videtur? Wie steht
es denn aber mit denen die von Curtius überhaupt nichts wissen
wollen? die namentlich die Vorzüge der Krügerschen Syntax beto-
nen? Aber die Belobungen! Hr. Stier legt sie vorzugsweise auf
Hn. Dir. Schützens Schultern, deren Tragefähigkeit sehr geringe
ist. Sollte denn der einmal das Richtige getroffen haben? Das
Richtige ist, mein' ich: H. Curtius hat in seiner Syntax einem
sehr grossen Theile nach die meinige in einer Weise plagiirt die
weit über das Mass des moralisch Erlaubten hinaus geht (vgl. mein
Vadem. S. 16), sorgfältig darauf bedacht in dem von mir Entlehnten weder den Inhalt noch die Form zu verbessern. Damit dies
nicht für eine hohle Redensart gehalten werde, erneuere ich die in
der Schrift Ueber Hn. Curtius Formenlehre S. 16 gestellte Preisaufgabe: „für jede von ihm kürzer und präciser, richtiger
und behaltbarer als von mir gefasste Regel einen Sil-
bergulden als Prämie.“ Welch herrliches Erntefeld für die Begeisterten, wenn sie darauf etwas Anderes finden als — Stoppeln.

Mit welcher Keckheit H. Curtius die beliebte Industrie des Pla-
giirens betrieben hat, möge man aus meinem Vademecum S. 23—27
ersehen, wo ich seine Behandlung des Pronomens mit der meinigen
wörtlich zusammengestellt habe. Es versteht sich von selbst dass
ich dasselbe auch an mehreren anderen Partien nachweisen könnte,
wie z. B. an der Tempus- und Moduslehre. Was er darin Gutes
bietet, auch in der Anordnung, z. T. in Unordnung metamorphosirt, hat
er wesentlich von mir entlehnt, das Verkehrte hat er selbst zuge-
than; auch die gelegentlich an den Pastoralstil streifende Weitschweifigkeit. So gebraucht er zur Lehre über die Tempora fast
zehn Seiten, während sie bei mir wenig über vier einnimmt; die
Lehre über die Modi behandelt er auf einundzwanzig Seiten, mir
genügten dazu fünf Seiten. Die rationelle Uebersichtlichkeit, die
H. Schütz S. 29 ihm nachrühmt, stammt, soweit er sie hat, ledig-
lich aus meiner Anordnung, der H. Curtius im Wesentlichen gefolgt ist, nur dass er der Construction nach Zusammengehöriges
gelegentlich zerrissen hat, so dass der Schüler dieselben Regeln
mehrere Male lernen muss.*) Was einige der Begeisterten über

---

*) Hn. Schütz kann ich das Privatvergnügen mir abhold zu sein schon
gönnen; aber dass er desshalb, kein Fernhintreffer, meine Arbeiten auf eine wahr-
heitswidrige Weise herabsetzt, — nun das gönne ich ihm erst recht. Er hat
sich selbst gerichtet und mich gerächt. Sehr charakteristisch ist es in mehr
als einer Hinsicht für diesen Herren dass er meine Ausgabe des Herodot den
Schulen verbieten und nur die der Hn. Stein und Abicht gebraucht wissen
möchte. Wesshalb dies? Meine Ausgabe der Xenophontischen Anabasis ist von
competenten Beurtheilern als Muster einer Schulausgabe anerkannt worden; mit
denselben Kräften und Mitteln, nach gereifteren Studien, auf die äusserst müh-
same Vorarbeit meiner dialektischen Syntax gegründet, ist mein Commentar zum
Herodot nach denselben Ansichten und Grundsätzen wie jenes Werk bearbeitet
worden (vgl. mein Vademecum S. 8) und nun soll er den Arbeiten von Män-

meine Unordnung sagen hat blos eine falsche Adresse. Es war
an Hn. Curtius zu richten, der zu verkehrter, ja gedankenloser
Anordnung ein entschiedenes Talent besitzt. Vgl. mein Vad. S. 28
und Ueber IIn. C. Formenlehre S. 11. Wer noch in der Kürze
eine Anschauung haben will von der erbärmlichen Art wie II. Curtius
gediegenes Material zu verwerthen, resp. zu verhunzen, versteht,
der vergleiche seine Behandlung des Artikels mit der meinigen in
beiden Sprachlehren und in der poetischen Syntax. Es ist schwer
zu begreifen wie ein Mann der nur einiger Massen philologischen
Tact besitzt mit meinem Werke vor Augen eine so jämmerliche
Syntax schreiben konnte.

Doch genug um Hn. Stiers Versicherung dass H. Curtius
„sich am eingehendsten mit dem Griechischen beschäftigt habe"
in ihrer frevelhaften Unzuverlässigkeit zu beleuchten. Nur Eins
verbürgen seine Versicherungen, dass der Advocat eben so unwissend
ist als der Client oder auch (wenn nicht beides) dass seine Wahr-
heitsliebe eine advocatische ist. Ein trostloser Anwalt einer trostlosen Sache! Den Anspruch auf durchgängige Widerlegung seiner
Aufstellungen hat er damit verwirkt.

IIn. Stiers Erklärung: „die wenigen Ausstellungen hinsichtlich
der Wahl der Beispiele sind meines Erachtens durch die Verbesserungen der neuesten Auflage bereits erledigt," ist höchst leichtfertig.
„Wenige Ausstellungen?" Man muss wahrlich sehr genügsam sein,
um deren nicht sehr viele zu finden. Noch findet sich immer der
tactlose, ja alberne Mischmasch den ich in meinem Vademecum S.
20 verhöhnt habe; immer noch findet volle Anwendung was ich S.
29 in Bezug auf diesen Punct geäussert habe: „Wenn man die Stellen welche II. Curtius aus meiner Sprachlehre entnommen hat
abzieht, so werden nicht so gar viele übrig bleiben die sich nicht
leicht durch bessere ersetzen liessen. Auch fehlen sie gelegentlich
ganz, während hin und wieder Ueberfluss ist." Zur Erläuterung
ein Beispiel. Den Artikel behandelt H. Curtius auf fünf und

<hr>

nern nachgesetzt werden die im Grammatischen die ärgsten Blössen gegeben
haben und im Exegetischen äusserst wenig geschult so oft Mangel an Urtheil
und Tact verrathen, dass nur ein besonderes Wohlwollen gegen sie oder Miss-
wollen gegen mich, wenn nicht Ignoranz, ihre zahlreichen Verstösse übersehen
und sie als Ebenbürtige, ja mehr als Ebenbürtige mit mir zusammenstellen kann.
Viel schlechter noch würde es mit ihnen stehen, wenn sie nicht so oft mit
meinem Kalbe gepflügt hätten. Bei der Bearbeitung meiner zweiten Auflage
des Herodot, von der das erste Heft 1866 erschienen ist, habe ich über die
Fähigkeiten dieser beiden Herren öfter recht interessante, ja ergötzliche Bemerkungen gemacht. (Belehrend ist auch die Art wie H. Stein seine erste Auflage
umgearbeitet hat.) · Einen Vorzug jedoch könnte H. Schütz ihnen nachrühmen, den Vorzug einer viel grösseren Unvollständigkeit als sie meinem Werke
nachgesagt werden kann. Die Unvollständigkeit war ja auch die wesentlichste
Eigenschaft derentwegen die Hertleinsche Bearbeitung der Xenophontischen Anabasis von Vielen mit so günstigem Erfolge vor der meinigen empfohlen wurde.
„Wem Gott die Verkehrtheit gegeben hat, dem verleiht er auch Gelegenheiten
sie anzuwenden." (Krit. Br. S. 64.)

Meine arme Vaterstadt! Du hast der Welt einen Ruhnken geschenkt und
die Welt verlieh dir was? — Ist das der Welt Lohn, der Welt Dank? Meine
arme Vaterstadt!

einer halben Seite, ich gebrauche dazu fast eben so viele Seiten.
Sätze als Beispiele giebt H. Curtius etwa drei Dutzend, ich neun
Dutzend, davon bei ihm etwa ein Dutzend, bei mir sechs Dutzend
Sätze mit ansprechendem Inhalt.

Nun noch eine Anfrage. Als 1866 mein Vademecum für Hn.
G. Curtius erschienen war, schickte ich es auch Hn. Stier und er
hat es, wenn ich recht unterrichtet bin, auch erhalten. Eine solche
Schrift eines diesen Herren unbedingt überlegenen Grammatikers
musste seine Aufmerksamkeit anregen. Hat er nun, wie es meines
Erachtens sich gebührte, wenn er unparteiisch verfahren wollte,
diese Broschüre oder ihren Inhalt den Mitgliedern der Conferenz
mitgetheilt oder hat er darüber ein vorsichtiges Stillschweigen beob-
achtet, um den Sieg seines Schützlings nicht zu erschweren? Wenn
er das letztere gethan hat, so ist das moralische Urtheil über ihn
ausgesprochen: „Wahres verschweigen ist unter Umständen ärger
als Unwahres sagen." Oder muss man ihm verzeihen dass er in
das Buch verliebt und also unzurechnungsfähig seiner reizenden
Dulcinea von Toboso, wär's auch eine garstige schmutzige Viehmagd,
eifrig und begeistert auf schlechten Wegen nachjagt? Ein Liebes-
dienst quand même; „um solchen Preis kann man zu viel nicht wagen." Oder wäre ein solches Verfahren ein erlaubter Handwerks-
idiotismus? wobei es nicht in Betracht käme dass ein elendes Mach-
werk den Ruf der deutschen Gräcität beschimpft, zumal wenn es
gelänge den annoch kleindeutschen Skandal zu einem grossdeutschen
zu machen; was stillschweigend zu dulden ein literarisches Ver-
brechen wäre.

5. Erfahrung und Resultate.

Erfahrung bleibt die beste Wünschelruthe.   (Göthe.)
Eine bedeutende Schrift ist, wie eine bedeutende That,
nur Folge des Lebens."   (Göthe.)

"Ο τι ἂν τὸ πρᾶγμα αὐτὸ ἀναγκάζῃ (λέγειν
περὶ ἐμοῦ), τούτου τὴν αἰτίαν οὗτός ἐστι δίκαιος
ἔχειν ὁ τοιοῦτον ἀγῶνα ἐνστησάμενος.

(Δημοσθένης.)

Sehen Sie nun, mein scharfsichtiger Freund, wie der ritterliche
Pfadfinder auf dieser Bahn weiter wandelt.

Das Schönste sucht er auf den Fluren,
Womit er seine Liebe schmückt.

Leider aber weiss er nicht dass der Sinn des Geruches ihm
abgeht. Ahnungslos überreicht er seiner Dulcinea eine schönblü-
hende Stapelia, die ihrem deutschen Namen gemäss duftende
— Aaspflanze. „Unglaublich, aber wahr," er führt zur Verherrli-
chung der Curtiusschen Grammatik eine Thatsache an die sehr geeignet ist ihr den Gnadenstoss zu geben.

„Dass ihr Verfasser, sagt er, auch für das Bedürfniss der Schule nicht
ohne Erfahrung und Blick ist, dafür bürgt schon der von Manchen
übersehene Umstand dass Curtius seine wichtige Abhandlung „über
die Sprachvergleichung im Verhältniss zur classischen Philologie"
als griech. Lehrer der Secunda des Blochmannschen Instituts zu
Dresden schrieb."

Hört! hört! H. Curtius hat einige Jahre in der Secunda des Blochmannschen Instituts, also nur in einer und nicht einmal der für die Grammatik wichtigsten Classe, unterrichtet und daraus sollen wir die Bürgschaft entnehmen dass er zur Abfassung einer Grammatik für alle Classen die nöthigen Erfahrungen, den erforderlichen „Blick" erworben habe? Ist das wirklich seine ganze praktische Ausstattung und ist es denkbar dass irgend ein Sterblicher eine so geringfügige Ausrüstung als etwas Bedeutendes anführen könne?

Unglücklichster aller Advocaten, der die praktische Befähigung seines Schützlings beweisen will und statt dessen die praktische Unzulänglichkeit desselben in die glänzendste Beleuchtung gestellt hat!

> „Jeden andern Meister erkennt man an dem was er ausspricht;
> Was er weise verschweigt zeigt mir den Meister des Styls." (Schiller.)

„Ungenügsamer Du! wird man ausrufen. Es ist leicht viel zu fordern, aber schwer, oft unmöglich das Geforderte zu leisten. Du böser Forderer, was wüsstest Du denn von der Ausrüstung mit der Du an Deine Sprachlehre herangetreten bist zu erzählen? Leider nicht genug, lange nicht genug; aber doch Manches, wenn Ihr es hören wollt. Obgleich ich mehr als anderthalb Jahre durch die Theologie verloren hatte, wurde ich doch durch das Verdienst des trefflichen Aug. Seidler philologisch eingeschult. In den beiden letzten Jahren meines Universitätslebens schrieb ich den Commentar zu Dionys. historiogrr. nebst den commentatt. crit. et hist. de Thuc. hist. parte postr., ein Werk das bei meinem Abgange Mich. 1820 fertig erst Ostern 1823 erschien, theils weil es fast 39 Bogen betrug, theils weil der Verleger den Druck nicht beeilte. Dies Buch wird noch jetzt gebraucht und sogar gekauft. Der Verfasser bekundete aber dabei einen wesentlichen Mangel, den Mangel an Protection. Denn sonst hätte er bei weniger als einem Drittel der in dem Werke documentirten Kenntnisse und Talente multiplicirt mit einer Dosis Protection schon längst dreimal an Universitäten angestellt werden können. — Unverhülltes Selbstlob, wofern nicht unbegründet, ist löblich, wenn es zum allgemeinen Besten erfolgt, z. B. zur Anregung der Frage ob Zurücksetzung Tüchtiger ein wirksames Mittel sei Fähige und Strebsame zu eifrigem Studium zu ermuthigen. Dass namentlich gegen Dummheit, Gemeinheit, Intrigue rücksichtsloses Eigenlob oft eine eben so nothwendige als vernichtende Waffe sei haben Perikles, Demosthenes, Scipio u. A. dargethan. (Acacius z. Dion. p. 188 u. 190 Krüger) Pedanten, wie Dionysios, nehmen freilich an so etwas grossen Anstoss.

Von Michaelis 1820 bis Ostern 1837 hab' ich an drei verschiedenen Anstalten unterrichtet, vorzugsweise im Griechischen und zwar in allen Classen. Sehr zu Statten kam mir die Art wie ich das Griechische meist durch eignes Studium gelernt hatte. Man lese was ich darüber im J. 1846 in den kritischen Briefen S. 6 f. erwähnt habe:

„Als ich Griechisch zu lernen anfing, hatte ich zuerst die Hallesche, dann die Buttmannsche Grammatik in Händen. Nun aber habe ich die unglückliche Eigenthümlichkeit dass sich nur scharf Gefasstes und übersichtlich Geordnetes mir einprägt: Eigenschaften

die Niemand dem Buttmann nachrühmen wird, zumal da er selbst
offenherzig genug über die nicht systematische Fassung seiner Lehre
vom Verbum sich ausgesprochen hat. (Ausf. Gr. 87, 6.)"

„In dieser Noth erschien mir als Retterin die Grammatik von
Thiersch, aus der ich sehr bald mit Leichtigkeit in den Hauptsachen
die nöthige Einsicht und Uebersicht gewann. Viele die nicht durch
Thiersch unmittelbar oder mittelbar die übersichtliche Einsicht gewonnen haben, sind nie dazu gelangt die passiven Perfecte gehörig
bilden zu lernen."

„Als ich, in ein Schulamt eingetreten, für drei Classen Hauptlehrer im Griechischen wurde, konnte ich natürlich nicht anders als
mit Beseitigung des Buttmann nach der Weise die mir selbst ange-
schlagen auch meine Schüler unterrichten. So entstand schon im
Jahre 1820 in Zerbst den Hauptpartien nach meine prosaische
Formlehre, nach der ich später auch in Berlin unterrichtet habe."

„In Berlin war ich bereits sieben Jahre lang meiner Weise gefolgt, als ein bedeutender Mann, der sich lebhaft für den Buttmann
interessirte, gegen mein Verfahren Einspruch erhob. (Es sollten
keine Dictate geduldet werden.) Ich sah mich genöthigt zu erklären: dass ich nur nach meiner Weise unterrichten könne oder das
Unterrichten aufgeben müsse, schlechterdings überzeugt dass es mir
völlig unmöglich sei bei Befolgung des Buttmann die Schüler in den
Elementen gehörig zu befestigen."

„Rücksichtlich der dialektischen, insbesondere der Homerischen
Formlehre, die beim Buttmann höchst unzulänglich und noch heute
voller Gebrechen ist, stellte sich mir das Bedürfniss heraus besonders
das dem Homer Eigenthümliche in möglichster Kürze nach Thiersch
zusammenzustellen. Nach einer solchen Zusammenstellung habe ich
in Zerbst und Bernburg unterrichtet. In Berlin habe ich mit einer
kurzen Ausnahme in dieser Partie den Unterricht nicht gehabt."

Das war meine grammatische Vorbildung. Ihr zur Seite ging
eine exegetische, die ziemlich umfassend sein musste, um jener
einen leidlich sichern Anhalt zu gewähren. So habe ich unter Andern theils an Schulen, theils an der Berliner Universität Manches
erklärt: Xenophon (Anabasis und Memorabilien), Platon (Prota-
goras, Gorgias) Thukydides, Demosthenes; Homer, Stücke
von Sophokles, Euripides, Aristophanes; habe Ausgaben
geliefert von Xenophons Anabasis, Thukydides, Herodot,
Arrians Anabasis. Mehrere Hefte zu Vorlesungen die ich für
den Druck zu bearbeiten keine Zeit gewonnen habe, sind nur hand-
schriftlich vorhanden.

So hat das Schicksal, das uns an den zartesten Fäden führt
wohin es uns haben will, seit mehr als funfzig Jahren mich zu
einer Reihe unermesslich schwieriger Strafarbeiten angezogen, um
rücksichtslose Ausbeuter mit Hülfe gewissenloser Gönner mich der
Früchte meiner Anstrengungen berauben zu lassen. Höchst naiv
hat ein Teubnerscher Raubvogel meinen ganzen Index zum Arrian
S. 204—227 hinter seiner Ausgabe abdrucken lassen, das Honorar
eingestrichen und so meinem Werke einen Theil seines Absatzes entzogen. „Da seh' Er einmal! mit all' solchem — muss man sich
schlagen und plagen."

Diese thatsächlichen Vorbereitungen waren mir freilich noch nicht genügend. Doch ὁ μὲν βίος βραχύς, ἡ δὲ τέχνη μακρά. Manches was ich noch gar zu gerne gearbeitet hätte dürfte mir nicht ausführbar sein. Inzwischen wird man mir die Gewissensfrage vorlegen: Was für Früchte haben denn deine Vorstudien in der Schule getragen? Darüber zu urtheilen ist natürlich nicht meine Sache. Doch wird es mir erlaubt sein einen Vorfall zu erzählen der mir in Bernburg begegnete und in Berlin sich wiederholte. Ein Schulrath der bei mir hospitirte äusserte mit unzufriedener Zufriedenheit: eine solche Festigkeit müsse denn doch zu viel Zeit gekostet haben. Ich konnte die Versicherung geben dass ich das ohne erheblichen Zeitaufwand (namentlich ohne Paradigmenreiterei) erzielt habe. Das Geheimniss wie das zu erreichen sei habe ich in meinen sämmtlichen didaktischen Werken (zwei Seiten) verrathen. S. Vad. S. 31f. Als ich die in Tertia von mir Unterrichteten später wieder in Prima erhielt erkannten sie bald als meine „alte Garde" ihre Superiorität über die paradigmenritterlich Geschulten und unterliessen es nicht sich bei manchen Gelegenheiten über sie lustig zu machen.

Aber, aber! hör' ich Sie, mein vorsichtiger Freund, ausrufen, wird man diese Mittheilungen nicht für Eigenlob und damit Sie für abgethan erklären? Kann sein dass Intriganten, die so pfiffig auf die Dummheit zu speculiren wissen, bei Dummköpfen damit Erfolg haben; aber vernünftige und ehrenhafte Menschen, erwägend dass es kein unverschämteres Eigenlob giebt als — tüchtige Leistungen, die man sich denn doch, wenn auch nicht immer ohne Widerstreben, gefallen lässt, werden mit Lessing sagen: „Seines Fleisses darf sich Jedermann rühmen" und mit Göthe: „Man sagt: eitles Eigenlob stinkt; das mag sein, was aber fremder und ungerechter Tadel für einen Geruch hat, dafür hat das Publicum keine Nase." Begründetes Eigenlob aber kann unter Umständen sogar Pflicht werden. Ein Fall der Art, dächt' ich, läge hier vor.*) Es musste Hn. Stier durch eine einleuchtende Vergleichung gezeigt werden wie sein Schützling von der Vorbildung zum Verfasser einer griechischen Schulgrammatik so gut wie gar nichts besessen habe. Wenn dies aber gegründet ist, so sieht man nicht ein wie er ein solches Werk auch nur leidlich habe herstellen können, zumal da ihm die anderweitigen Fähigkeiten dazu in hohem Grade abgehen und seine Studien sich so ziemlich auf nichts belaufen.

Aber wie? wenn das was ich für unmöglich erklärt habe, dennoch trotz alle dem und alle dem wirklich wäre, wenn H. Curtius, wie ihm schon das Brockhaussche Conversationslexikon nach-

---

*) „Es sagen ihre (des Alterthums) grosse Männer, bemerkt Winckelmann, das Gute von sich mit eben der Zuversicht mit welcher sie es von andern sagen, weil sie glaubten, der Mensch müsse sich seines Werthes bewusst sein, um sich vor der Niederträchtigkeit zu verwahren." Eben so urtheilt die geistreiche Tochter Gustav Adolphs. S. C. Justi Winckelmann 1 S. 66. „In der alten griechischen und römischen Moral, sagt Seume Spaziergang s. S. 3. S. 8., findet man diese Tugend (die Demuth) nicht; und die Einführung ist eben kein Vorzug der christlichen. Sie kann nur im Evangelium der Despoten stehen, welche sie aber für sich selbst doch sehr entbehrlich finden.

rühmt, „eine vortreffliche Schulgrammatik der gr. Sprache" geliefert hätte? Und giebt es nicht Viele die so urtheilen? „Massenurtheile in solchen Sachen, zumal wenn sie nicht öffentlich erfolgen, mithin an eventuelle Vertretung nicht gedacht wird, sind mir von jeher aufs Aeusserste zuwider gewesen." (Krit. Br. S. 56.) Es sind dabei meist Nichtkennende und Nichtkenner die den Ton angeben und nur zu oft bewährt sich dabei Göthes Wort: „Die Halbnarren und Halbweisen sind die gefährlichsten."

Entscheidender als ein halt- und gehaltloses Hin- und Hersprechen, wie es in dem Protokoll angegeben ist, wird die Erfahrung, wird der Erfolg scheinen. An ihren Früchten sollt ihr sie erkennen. Wir fragen also: was ist mit dem Curtius erreicht worden? H. Campe „beruft sich S. 45 vgl. 27 auf seine Erfahrung, da er selbst ein halbes Jahr lang (im Wintersemester) nach der neuen Methode in Tertia B. unterrichtet und keine Resultate erzielt habe." Herr Lehmann hält diese halbjährige Erfahrung für unzureichend, zumal da dort (in Greifenberg) die Schüler vorher nach einer andern Methode unterrichtet worden seien." Dass der letztere Grund irgend von Bedeutung sei habe ich nie bemerkt, da das Talent früher Gelerntes zu vergessen sich hier sehr bald bethätigt. Die Jungen haben sich in meine Dictate immer mit grosser Leichtigkeit hinein gefunden. Gewiss aber hätte es mich zur Verzweiflung gebracht, wenn sich nach einem halben Jahre nicht bei fast allen sehr erhebliche Resultate herausgestellt hätten. Wo dies nicht vorkommt, da ist entweder die Grammatik schlecht oder der Lehrer unzulänglich. Nun aber hat H. Campe hier (in Neu-Ruppin) den Ruf eines tüchtigen Lehrers hinterlassen und ich denke er wird sich denselben auch zu erhalten gewusst haben. Dabei wird er denn wohl mit mir calculiren dass H. Lehmann manchmal schon Gescheiteres als obige Bemerkung vorgebracht haben dürfte.

Nicht abgeschreckt durch diese schroffe Ablehnung stellt H. Röder, der vielleicht zufällig aus der Nachbarstadt Colberg einige Nachrichten über die dortige Gräcität erhalten hatte, die fatale, verfängliche Entscheidungsfrage S. 44: „ob sich denn nun (nach vierjährigem Gebrauche des Curtius in allen Classen) am Colberger Gymnasium bessere Resultate herausgestellt hätten."

Es kann der Beste nicht den Sieg — ergattern,
Wenn es dem bösen Nachbar nicht gefällt. (Göthe.)

Ja, ja! der wackere H. Röder ist wirklich kein liebevoller Nachbar, da er Hn. Stier zu der wahrhaft trostlosen Antwort gezwungen hat: „dass sich dies (Erzielung besserer Resultate) wegen mancher ungünstigen Verhältnisse, namentlich wegen häufigen Lehrerwechsels in den betreffenden Classen, nicht gerade sagen liesse." Die Hindernisse, die abscheulichen Hindernisse! Aber wo kämen solche nicht vor? Versetzungen von (zwei) Lehrern, gelegentlich wohl auch ein Todesfall sind nichts Ausserordentliches. Ich dächte aber nach meinen Erfahrungen, wenn die Grammatik brauchbar und auch nur zwei Lehrer tüchtig sind, so können die übrigen allenfalls schon übertragen werden. Ja unter Umständen kann schon einer hinreichen. In den zwei Jahren die ich in Zerbst unterrichtete war

ich zufällig dort der einzige im Griechischen grammatisch geschulte
Lehrer (die über mir standen waren Greise) und die Resultate waren so anerkannt dass ich in Folge derselben (denn mein Dionysios war noch nicht erschienen) ohne Protection, ja ohne Bewerbung schon Ostern 1822 zu einer sehr bedeutend bessern Stelle
(für den durch seine Schriften bekannten G. Fr. Günther) nach
Bernburg berufen wurde. Das hatte ich erreicht ohne Paradigmenschmiererei, ohne viele Aufgaben u. dgl. Zwar hat K. Sintenis,
der, wie noch andre strebsame Jungen, damals (von Tertia an) mein
Schüler war, später als Student einmal zu mir gesagt: „Wenn alle
Lehrer sie so angegriffen hätten wie ich, so wäre es nicht zum
Aushalten gewesen. Zum Glück aber hätten sie viele Ruhestunden
gehabt." Indess konnten jene Worte keinen andern Sinn haben als
den dass ich meine Jungen zu anhaltender Aufmerksamkeit züch-
tete, was ich natürlich ohne Strenge durch ganz einfache Mittelchen
erreichte, z. B. dadurch dass der etwa Unaufmerksame flugs eine
Frage erhielt. Keine Strafarbeiten, kein Carcer!

Der böse Nachbar, durch jene Antwort nicht zufrieden gestellt,
verlangte unbarmherzig noch weitere Auskunft von Hn. Stier. „Da
tritt ein Anderer für ihn ein," ein Höherer kämpft für den fidus
Achates, den unermüdlichen Schildknappen, der für die gute Sache
beider, für ein schlechtes Buch, mit viel Muth und wenig Einsicht
so viele — Luftstreiche ausgetheilt und so tapfer gezeigt hat was
die schwache Kraft — nicht vermag. H. Schulrath Wehrmann
bezeugt S. 44, um dem unerquicklichen Stiergefechte eine Ende zu
machen, „dass er allerdings in Colberg keine besseren Resultate
seit dem Gebrauche des Curtius wahrgenommen habe, aber die Un-
gunst der Verhältnisse anerkennen müsse." Muss das aber auch
jeder Andre, der diese Verhältnisse nicht kennt und doch gründliche Ueberzeugung sucht? Soll etwa der beschränkte Unterthanen-
verstand sich selbst zurufen: „Friss Deinen Pudding Sclav und halt
das Maul?" Wer das nun eben nicht will, wird der nicht glauben
dürfen dass der Herr Schulrath, der doch seinem treuen Gefährten
gewiss möglichst viel Gutes nachzusagen wünschte, auf keine Weise
ihn ärger compromittiren konnte als durch eine solche Erklärung?
En excusant vous accusez. Fand sich denn nichts, gar nichts um
den so durchsichtigen Euphemismos abzuschwächen? War denn
von keiner einzigen Classe, auch nicht von der die sich des Unterrichts Hn. Stiers selbst erfreut hatte, etwas Günstiges zu vermel-
den? Man wird zwar desshalb noch nicht glauben dass dieser ehren-
werthe Herr selbst auch zu den ungünstigen Verhältnissen und Hin-
dernissen gehörte; aber ein allgemeines Schütteln des Kopfes bei
der Antwort des Hn. Schulraths wird doch unausbleiblich sein, wenn
man hört dass in vier Jahren keine der mit dem neuen Messias
Curtius begnadigten Classen „bessere Resultate bewährt habe."
Beruht diese Harmonie etwa auf Colbergs ungriechischer Atmosphäre? Oder muss man ausrufen: der Herr erlöse die Colberger
Jugend von solchem Messias!

Was sagen Sie, mein gerechter Freund, zu diesem Zwischen-
falle? Scheint nicht auch Ihnen H. Röder den Hirsch beim Ge-
weih gefasst und Hn. Stier — Schach matt geboten zu haben?

2*

Doch die Bedenken, meint der Herr Schulrath, werden aufgewogen durch „das sich für Curtius erklärende Urtheil des gesammten Lehrercollegiums." Es ist anerkannt dass mit diesem Buche in vier Jahren Befriedigendes nicht geleistet worden ist, (ob von denselben oder theilweise gewechselten Lehrern kommt wirklich wenig in Betracht) und nun erklären die Herren einstimmig dass der Curtius beizubehalten d. h. aller Berechnung nach dass die nicht befriedigenden Leistungen — fortzusetzen seien. Denn welche Bürgschaft bieten die ehrenwerthen Herren dass sie in den nächsten vier Jahren bessere Erfolge erzielen werden? Natürlich darf ich nicht glauben dass diese Einstimmigkeit erst eine durch den rührigen Hn. Director gemach te sei. Ob aber wohl Alle so gefällig sein werden dies nicht zu glauben? (Vgl. unten Br. 10.)

6. Die äusserste Linke.

Er scheut sich nicht
Gar Manchem zu missfallen dass er Manchen
Um desto mehr gefallen möge. (Göthe.)

Frage nicht nach anderm Titel
Keinem Willen bleibt sein Recht
Und die — Gauner lass dem Büttel
Und die Narren dem Geschlecht. (Göthe.)

Gehören auch Sie, mein verehrter Freund, zu den bösen Nachbaren, dass Sie mich ausdrücklich bitten Sie mit der Zersetzung und Zerfetzung der Ansichten solcher Männer wie H. Stier und Consorten nicht weiter zu behelligen? Dass Sie meinen, darüber noch weiter zu sprechen heisse leeres Stroh dreschen oder Wasser in ein Sieb schöpfen? Männer die, der Wahrheit so keck ins Gesicht schlagend, aufs Gerathewohl ins Zeug gingen, oft nur allgemeine Redensarten ohne Beweis nachsprächen, Schritt für Schritt zu widerlegen sei überflüssig, da kein Vernünftiger sie für competent halten werde. Wer sich durch die Ansichten solcher Herren bestimmen lasse, dem sei eben nicht zu helfen, weil er keine Hülfe wolle. Von weit grösserer Bedeutung sei Ihnen die blosse Auctorität wahrhaft einsichtsvoller und nicht parteiischer Männer. Vor allen Dingen wünschten Sie zu erfahren für welche Ansicht über die vorliegende Sache der wackre Röder sich ausgesprochen, er der mit seiner schneidenden und entscheidenden Gewissensfrage den Nagel auf den Kopf getroffen, die Sache auf eine sehr einleuchtende Weise zum Abschlusse gebracht habe. Dagegen könnten die Begeisterten auch unter dem Schutze zweier himmlischen Zeichen (meinen Sie Stier und Schütz?) nicht aufkommen.

Bei der Frage über die zu wählende Sprachlehre hat sich H. Röder ganz entschieden für die meinige ausgesprochen, die in Cöslin, zuerst von Hn. Adler dort eingeführt, schon seit einer Reihe von Jahren gebraucht wird.

„In Cöslin, heisst es S. 19, wird (an Krüger) die zweckmässige Vollständigkeit zuverlässiger grammatischer Thatsachen*) gerühmt,

*) Man erlaube mir hier zu wiederholen was ich schon in der Rec. der Kühnerschen Schulgr. Studien 2 S. 71 gesagt habe: „Wofern sich ihm (dem Grammatiker) nachweisen lässt dass er mit seinen Angaben nicht selten täuscht,

die Ausscheidung des für den Schulbedarf Ungehörigen oder wohl
gar Verwirrenden, die gemessene Kürze und Schärfe der Fassung,
in der Syntax die Auswahl passender, lebhafter, aus eigner Lectüre
geschöpfter Beispiele, überhaupt seine Ursprünglichkeit und Unmittelbarkeit. Das Ziel der Schule sei die Sprache und die Grammatik (d. h. die Theorie der Sprache) zu erstreben und das sei mit-
tels der Grammatik von Krüger ohne Umschweife sicher
zu erreichen."
 Ich freue mich Sie noch mit einem würdigen Genossen H. Röders bekannt machen zu können, mit Hn. Zinzow, Director in
Pyritz, der sich noch ausführlicher über die Vorzüge meiner Sprach
lehre ausspricht.
 „Eben so H. Zinzow, indem er die Mängel an Krüger nicht
verkennt: diese seien jedoch nur untergeordnet. Was das Buch
auszeichne sei dass es das Product vieljährigen, gründlichen, selbständigen Studiums sei. Dies gebe dem Buche den Character der
Unmittelbarkeit, dass damit keine andere Grammatik, selbst
nicht die von Buttmann verglichen werden könne. Keine
Grammatik sei in ihren Aufstellungen und Angaben so correct und
zuverlässig, 'keine unterscheide so genau und durchgehend die
attische classische Gräcität von der abgesonderten poetischen und
dem späteren Gebrauche, keine gebe eine solche relative Vollständigkeit für den Schulgebrauch; auch in der Syntax sei die Kürze
in der Fassung der Regeln, die Aufführung der betreffenden Verba
mit ihren Bedeutungen, ganz besonders aber die meist sehr ansprechende Auswahl in den Beispielen anzuerkennen. Allerdings
könne die Moduslehre einfacher, klarer, anschaulicher sein, auch
an der Gruppirung der Regeln über die Casus manches geändert
werden."*)
 Glauben Sie nicht dass diese Herren über meine Sprachlehre
nur desshalb so urtheilen, weil sie die Curtiussche Grammatik nicht
kennen. H. Zinzow hat sich die Mühe gegeben sie in einem Spe-
cialreferat Schritt für Schritt zu verfolgen (S. 23) und kommt zu
dem Resultat ihrer Unbrauchbarkeit für den Unterricht

---

so verscherzt er unser Zutrauen; und hat er seine Auctorität, gewisser Massen
seine grammatische Ehre, verloren, so hat er Alles verloren. Denn auch wo
er das Wahre giebt, wer wird es auf sein Wort glauben mögen? Man ver-
zeiht eher zehn falsche Ansichten als eine falsche Angabe, weil jene nur Irr-
thümer, diese aber Täuschungen sind." Wie gründlich H. Curtius seine grammatische Ehre verloren habe, ist ja wohl hinreichend erwiesen.
 *) Das unliebsame Buch, ein noli me tangere, hat sich schon öfter gegen
Verbesserungen etwas spröde verhalten. So hatte ein tüchtiger Grieche, dem
ich natürlich höchst geneigt war Folge zu leisten, mir bei einem Puncte eine
andre Anordnung vorgeschlagen. Aber das Buch protestirte gegen Einmischung
eines fremdartigen Princips. Mehrere Male hatte ich selbst schon Verbesserungen eingetragen, die ich noch rechtzeitig bei der Correctur als Verschlimmbesse-
rungen erkannte und beseitigte. Nur einmal habe ich eine durchgebracht und
erst bei der folgenden Auflage — über Bord werfen können. Wie gern würde
ich Aller Wünsche erfüllen; aber ich gedenke der Worte die ich vor länger als
34 Jahren in einem pädagogischen Sendschreiben (Analekten 2 S. 70 A.) geschrieben habe. Es könnte mir gehen wie jenem Maler.

im Griechischen. Eben so sein College Prof. Queck, der zunächst „auf die pädagogischen Rücksichten hinweist. Man habe durchschnittlich zwölfjährige Knaben vor sich." (Hierüber s. man meine Schrift über Hn. Curtius Formenlehre S. 9ff.) „Es handle sich darum dem Knaben möglichst bald ein Stück nach dem andern fest einzuprägen, bis zu mechanischer Fertigkeit, so dass er das Gelernte nicht bloss wisse, sondern auch könne. Synthesis bilde den Ausgangs- und Kernpunct; die Analysis und Genesis können später nachfolgen. Die Hauptsache sei dass das grammatische Material kennen gelernt werde, nicht wie es entstanden sei. Es sei nicht gar zu schlimm, wenn nach der alten Methode auch einmal etwas (nach dem Curtius) nicht Richtiges gelernt werde. In Prima etwa könne einmal ein Abschnitt nach der neuen Methode gelehrt werden. Einzelne Resultate aus Sprachvergleichung. seien ja immerhin zu verwerthen. Durch die neue Methode werde der Unterricht zu abstract, über den Gesichtskreis der Schüler hinausgehend. Die zahllosen Operationen mit der Spirans j und dem F, die Gesetze der Angleichung, Anähnlichung, der Lauteinstellung u. s. w. seien doch nur Luftgebilde die sich, wenn sie auch augenblicklich reizten, doch bald wieder in Nebel auflösten. Ref. weist darauf hin dass eine solche Grammatik eine entsprechende lateinische zur Voraussetzung haben müsse."

Dieses Referat ist für die Hauptsache, meines Erachtens, ein durchaus gediegenes. Aus dem was H. Zinzow, diese allgemeinen Ansichten ohne Zweifel anerkennend, hinzufügt will ich nur Einzelnes mittheilen.

„Die lateinischen Namen für Kehllaute u. s. w. seien für den Schüler nicht schwieriger als die deutschen Ausdrücke bei Curtius: Gleitelaut, Zitterlaut, momentane Laute, Dauerlaute." —

„Bei der Declination werde die Uebersicht erschwert u. s. w.

„Die Behandlung des Verbums ermangele aller Uebersichtlichkeit. Diese stütze sich nicht auf die Unterscheidung· von Verbalclassen, sondern auf den Unterschied von Tempusstämmen, denen die Verbalclassen untergeordnet würden. Dir. Zinzow führt hierauf die einzelnen Tempusstämme auf. Es sei von wenig Belang dass man schliesslich durch die Paradigmen die disjecta membra wieder zusammen zu bringen suche."

„Mangel an Präcision in der Fassung wird auch hier gerügt. Auch an sonstigen Ungenauigkeiten fehle es nicht. So werde φάς φᾶσι φάν unbedenklich aufgeführt, während diese Formen doch der attischen Prosa fremd seien; ἠγασάμην stehe als gleichberechtigt mit ἠγάσθην u. s. w. Auch seien die poetischen Formen von den prosaischen nicht durch den Druck unterschieden, z. B. bei ἔραμαι. — Je leichter eine Schulgrammatik mit dem einfachen, wohlgeordneten und zuverlässigen Gedächtnissmaterial dem Schüler den Weg zu einer gründlichen Erlernung der gr. Sprache mache, desto willkommener werde sie sein." Vgl. Krüger Ueber Hn. Prof. Curtius Formenlehre S. 10f.

Schliesslich erklärt H. Zinzow S. 44 vor der Abstimmung

dass er einen von H. Stier dem Curtius nachgerühmten Vortheil noch nicht für gesichert halte und die Elemente sicherlich erschwert würden. Es folgt dann Hn. Röders zermalmende Gewissensfrage.

Sie sehen, mein Freund, dass diese Herren, die für mein Buch so viel Unwiderlegtes und Unwiderlegbares geltend gemacht haben, desselben Weges gehen den ich in Uebereinstimmung mit den Herren A. Th. Wolf und Bonitz für den einzig richtigen erklärt habe. Vgl. Ueber Hn. Curtius gr. Formenlehre S. 10f. Dieses Zusammentreffen von fünf wirklich des Griechischen kundigen Männern mit meinen Ansichten wird Ihnen gewiss um so bedeutender erscheinen, wenn ich Ihnen sage dass ich mit keinem dieser Herren jemals in irgend einer Verbindung gestanden habe. Eine solche Uebereinstimmung hat, mein' ich, etwas mehr zu bedeuten als die des Colberger Lehrercollegiums, ja selbst als die von den vier pommerschen Gymnasien beliebte Abstimmung. Auch haben einige dieser Gymnasien, wie ich nach meinen Auslieferungslisten vermuthen darf, den mir angedrohten Abfall annoch nicht vollzogen. *Αἱ δεύτεραί πως φροντίδες σοφώτεραι.* Oder hätten sie ihn vielleicht nur vertagt?

Nehmen Sie für dies Mal mit einem ganz kurzen Briefe vorlieb. Denn je mehr ich glaube dass der Inhalt desselben Sie befriedigt haben werde, desto weniger kann ich mich entschliessen noch Anderes anzufügen was Ihre Stimmung stören könnte. Doch wird es Ihnen wohl nicht unerwünscht sein, wenn ich Ihnen noch mittheile was der H. Referent, Campe, als das Ergebniss der verschiedenen Referate anführt.

„Die in den obigen Referaten, heisst es S. 24, vertretenen Ansichten stehen sich, wie man sieht, ziemlich diametral entgegen. Was den einen als den Unterricht vereinfachend erscheint, erschwert und verwirrt ihn nach der Ansicht der andern; wo die einen Klarheit und lichtvolle Darstellung erblicken, vermissen die andern die Schärfe und Präcision, an die sie von Krüger her gewöhnt seien; wo die einen eine scharfe Eintheilung anerkennen, fehlt es nach dem Urtheil der andern an Uebersichtlichkeit."

Es versteht sich von selbst dass ich Ihre bestimmte Abweisung einer weitern Erörterung dessen was die begeisterten Herren noch gesprochen haben nach Gebühr respectire. Also auch nichts von dem was Einzelne, von der Sache wenig wissend und nichts verstehend, sich über mein Buch zusammen geträumt haben mögen. „Denn es reden und träumen die Menschen ja viel." Nur über Einen der Herren, der meinen übrigen Gegnern, wie ich glaube, an Scharfsinn und Gelehrsamkeit beträchtlich überlegen ist und sich, seine Ansichten mehr oder weniger begründend, ausführlicher über die Sache ausgesprochen hat, muss ich Sie noch*) mit einem oder eini-

---

*) Man gedenke hiebei der Lessingschen Mahnung (Hamb. Dramat. 70): „Primus sapientiae gradus est falsa intelligere, secundus vera cognoscere. Ein kritischer Schriftsteller, dünkt mich, richtet seine Methode auch am besten nach diesem Sprüchelchen ein. Er suche nur erst jemanden mit dem er streiten kann, so kommt er nach und nach in die Materie und das Uebrige findet sich."

gen Briefchen behelligen, nicht um meinen ehrenwerthen Halbgönner schlecht, sondern, wo möglich, um ihn besser zu machen. Nur das Beste sei mir dazu gut genug.

7. Das Centrum.

Die Menge kann tüchtige Menschen nicht entbehren
und die Tüchtigen sind ihnen jederzeit zur Last.
(Göthe.)

Οὐ χρὴ λέοντος σκύμνον ἐν πόλει τρέφειν,
ἢν δ' ἐκτραφῇ τις, τοῖς τρόποις ὑπηρετεῖν.*)

Sie haben bis jetzt, mein wissbegieriger Freund, die Ansichten der äussersten Rechten so wie die der äussersten Linken kennen gelernt; aber im Centrum wohnen auch Leute, hier freilich strenge genommen nur eine Persönlichkeit, aber ein tüchtiger Kenner des Griechischen, H. Dir. Campe in Greifenberg, einst mein Gönner, jetzt zweifelhaft oder auch mehr als zweifelhaft. Er hat Manches gegen mich, Vieles und Schlagendes gegen Hn. Curtius einzuwenden. Diesen will er entschieden nicht: er will kein Colberger Griechisch: das gönnt er den Oesterreichern, gönnt er der Thomasschule in Leipzig, gönnt er den hohen und höchsten Gönnern des Hn. Curtius. Für mein Buch möchte er gern ein besseres haben, wie ich auch; aber er kennt keins, wie ich auch nicht, und aus Verzweiflung behält er, wie ich auch, das meinige, als ein nothwendiges Uebel. „Ja, ja! ich hätte mehr, viel mehr leisten sollen." „So gefällt es mir, so ist es recht;" so hab' ich es schon vor vielen Jahren — gehofft. Von jeher hab' ich erwartet dass man Vieles an meinem Werke zu tadeln, Vieles zu wünschen finden würde, dass aber wer es besser machen wollte, sehr leicht in eine Art gelinder Verzweiflung gerathen könnte, wie unstreitig ich selbst, wenn ich das Buch umzuarbeiten unternähme. Wie unendlich würd' ich mich freuen, wenn Jemand, besser als ich ausgerüstet, nur ein Paar erhebliche Paragraphen durchgängig sowohl dem Inhalt als der Form nach verbessert mir mittheilen wollte; wie dankbar würd' ich die Arbeit höchst anständig honoriren, wenn sie so wäre dass ich sie ohne Weiteres aufnehmen könnte. Nur auf eine solche Verbesserung gegründet haben Ausstellungen wahren Gehalt. Doch treten wir an Hn. Campes Bemängelungen heran.

„Ueberhaupt, sagt H. Campe S. 11, sollten unsere Grammatiker darüber klar sein ob sie den Schülern einen Thesaurus zum Nachschlagen oder ein wirkliches Schul- und Lernbuch geben wollen." Dieses Unterschiedes bin ich mir, als ich meine Sprachlehren schrieb, sehr wohl bewusst gewesen, habe mich aber überzeugt dass nicht für jeden dieser Zwecke gesonderte Werke existiren könnten. Meine

---

*) Aischylos bei Ar. Frö. 1430:
    Nicht auferziehn im Staate soll man Löwenbrut,
    doch wenn's geschehn ist, ihrem Wesen fügsam sein.
Beiläufig eine Uebersetzung des Euripidischen Verses bei Ar. Frö. 304:
    ἐκ κυμάτων γὰρ αὖθις αὖ γαλῆν' ὁρῶ.
    Nach Wogen seh' ich wiederum das Wasserhuhn.

Sprachlehren, besonders die grössere mit ihrer ziemlich genügenden Vollständigkeit, sollten beiden Zwecken dienen. Das jedes Mal zu Lernende auszuwählen ist eigentlich Sache des Lehrers, der, wenn er seiner Aufgabe einiger Massen gewachsen ist, nicht leicht Missgriffe verschulden wird. Doch hab' ich, besonders für jüngere Lehrer, verschiedene Cursus bezeichnet. S. 8. 27.

„Krüger, sagt er ferner S. 18, hat seine Grammatik wesentlich zu einer Grammatik des attischen Dialekts gemacht. Dies wird ihm als Lob angerechnet. In Stargard erkennt man ausdrücklich die Reinheit der Gräcität an. Indessen fragt es sich ob diese Beschränkung angemessen sei. Der attische Dialekt sei doch auch nicht das Allgemein-Griechische, sondern in vielen Dingen auch nur ein Dialekt." Ein Dialekt freilich, aber eben so wie das Hochdeutsche, die vorherrschende, schon von den alten Grammatikern als mustergültig anerkannte Schriftsprache und daher als die normale Sprache zu betrachten, wie im Lateinischen die des Ciceronischen Zeitalters. Sermo Graecus, immo Atticus sagt Plin. ep. 2, 3, 1, den Attikismos als eine höhere, vollendetere Stufe bezeichnend. Aehnlich schon Cicero Brut. 45: Tantum urbanitatis habent ut paene Attico stilo scriptae esse videantur. vgl. eb. 82 und Or. 7—9. Es thut mir leid dass H. Campe das was ich früher über diese Sache gesagt habe nicht gekannt oder nicht beachtet hat, zunächst mein Vorwort zur ersten Auflage der attischen Formlehre, das durch meine Schuld von 1845—55 im Buchhandel gefehlt und dann hinter der poetischen Syntax abgedruckt sich der Aufmerksamkeit entzogen hat. Da ich das 1842 Geschriebene noch vollständig als meine Ueberzeugung anerkenne so folge hier, um Hn. Campe gegen den Attikismos, ich weiss nicht ob zu begütigen oder noch mehr anzustacheln, das erwähnte

Vorwort zur ersten Ausgabe
der attischen Formlehre. (1842.)

Was sich im Unterrichtswesen als Frucht der Erfahrungen von Jahrhunderten gestaltet hat, ruht auf einer so festen Basis praktischer Vernunft, dass selbst haltungslose Experimentalverwaltungen, von unwissenden und unberufenen Schreiern gegängelt, wie viel und wie lange sie auch rütteln und schütteln, keine wesentliche Störung hervorzubringen vermögen. Auch wenn hier oder dort etwas verrückt worden, sehr bald drängt der geordnete Gang des Ganzen Alles in das unausweichliche Geleise zurück. Dies hat sich vielfach in Bezug auf das Lateinische bewährt. Weniger fest begründet ist bis jetzt der Unterricht im Griechischen und daher sieht man hier noch von Zeit zu Zeit manche methodische Wunderlichkeit auftauchen. Von Allem aber was die neuere Zeit in der Art gesehen hat dürfte kaum irgend etwas der Sache verderblicher sein als der Vorschlag den Unterricht im Griechischen mit dem Homer anzufangen und vorzugsweise auf ihn zu fixiren, und zwar so als ob es sich darum handele nicht sowohl griechisch als homerisch zu lernen; ein auch durch die tüchtigsten Lehrer nie wieder gut zu machendes Verfahren, das wenigstens eben so verkehrt ist als wenn man mit einem Ausländer der Deutsch lernen wollte zuerst und vorzugsweise das Nibelungenlied läse. Zum Glück jedoch hat die Masse wirklich praktischer Schulmänner es jetzt wohl ziemlich allgemein erkannt dass an einen wahrhaft erfolgreichen Erfolg nicht zu denken sei, wenn nicht der attische Dialekt und namentlich die attische Prosa zur Grundlage des griechischen Studiums gemacht werde. Denn nur in ihr erscheint die Sprache rücksichtlich der Formen in einer festen und normalen Gestaltung, die sich im Wesentlichen auch bei den κοινοῖς, also im Ganzen fast zwei Jahrtausende erhalten hat, und bietet zugleich die höchste Mannigfaltigkeit syntaktischer Gefüge, wie sie beim Homer zum Theil nur in ersten Anfängen erscheinen. Sodann ist in rhetorischer (stilistischer) und materialer Hinsicht vorzugsweise durch attische Geschichtschreiber, Redner und Philosophen auf die Bildung unserer Jugend einzuwirken, während die Lectüre der Dichter nur als ἥδυσμα eintreten darf. Denn etwa Dichter zu bilden oder vorzubilden ist nicht die Aufgabe der Schule; das Talent prosaischer Darstellung aber, das jeder nach Kräften ausbilden soll, entwickelt sich am gediegensten durch das Studium der Alten, wesshalb denn auch bei der Beschäftigung mit ihnen die rhetorische Rücksicht bei weitem mehr als es gewöhnlich der Fall ist vorwalten sollte: eine Richtung über die jener praktische Römer bei Cic. or. 2, 14 höchst beachtenswerthe Winke giebt.

Je bedeutender aber die poetische Sprache der Griechen sich von der prosaischen unterscheidet (quasi alia quaedam lingua. Cic. a. a. St.), desto nothwendiger ist es dass auch in der Grammatik beide möglichst strenge von einander geschieden werden, damit nicht bei jedem Schritte eine höchst nachtheilige Verwirrung eintrete. Diese Scheidung glaubte der Verfasser der vorliegenden Schulgrammatik, in der man keine Schülergrammatik suchen möge, am besten durch eine auch der Praxis des Unterrichts förderliche Trennung zu erreichen. Dass er aber auch von dem prosaischen Theile die Formlehre besonders herausgiebt gründet sich auf seine Ueberzeugung dass es für die untersten Classen keiner Syntax bedürfe, (zumal wenn die Formlehre beim Pronomen und Verbum das Nothwendigste aus ihr anticipirt); und dass der Schüler sie unnütz bezahlt, wohl auch zerarbeitet, da sie vielleicht zur Zeit wo er sie gebraucht schon in einer neuen Ausgabe erschienen ist. Ein zweiter Grund dieser Trennung war die Absicht einen von Herrn Professor Lachmann in der Vorrede zur vierzehnten Ausgabe der Buttmannschen Grammatik ausgesprochenen Wunsch mit zu erfüllen. Die Syntax nämlich wird eine aus den besten Schriftstellern gewählte, fast durchaus gnomische Beispielsammlung enthalten, die zumal da sie keine blosse Beispielsammlung ist, auch neben der Buttmannschen Grammatik als eine nicht unfruchtbare Ergänzung derselben eintreten kann.

Was der Verfasser für historische Begründung des Werkes gethan, was er rücksichtlich der Methode zu leisten versucht habe, dieses und manches Andere überlässt er Kundigen aus der Durchsicht des Werkes zu entnehmen. Wer durch sie darüber sich zu unterrichten nicht geneigt oder fähig ist, den mag er nicht versuchen durch ein Vorwort aufzuklären.

Einen Punct jedoch darf er nicht unerwähnt lassen. Er hat die Ansicht dass, zumal im Griechischen, Eine und dieselbe Grammatik in allen Classen der Schule eingeführt sein müsse, damit der Vortheil der Orientirung nicht verloren gehe und Verschiedenheit der Fassung den Anfänger nicht störe und verwirre. Dabei ist denn freilich, besonders für jüngere Lehrer, die nur zu leicht Alles durch einander lernen lassen, eine Bezeichnung verschiedener Cürsen wünschenswerth. Diese hat der Verfasser nach allgemeiner Schätzung angedeutet; den ersten durch Corpus, den zweiten durch gesperrte Petit, den dritten durch Petit ohne Weiteres, den vierten durch Klammern, von denen die eckigen besonders auf Seltenes, Poetisches oder wohl auch Zweifelhaftes hinweisen. Es versteht sich das diese Andeutungen nur Winke und Vorschläge sein sollen, die durch vielfache Rücksichten modificirt werden können, und dass man namentlich vieles dem dritten Cursus Zugewiesene nach Befinden theils in den zweiten theils in den vierten aufnehmen wird, da gerade diese Stufe sich am meisten genauern Bestimmungen entzieht.

Berlin, am 26. October 1842.

K. W. Krüger.

(Aus dem Vorwort zur zweiten Ausgabe
der attischen Sprachlehre).

(Die bewundernswürdige Geistesgewandtheit welche in jeder neuen Ausgabe eines Schulbuches ein neues Werk zu liefern vermag ist eine Eigenschaft deren der Verfasser sich nicht rühmen kann. Veränderungen hat daher die zweite Ausgabe seiner Grammatik fast gar nicht erfahren, nur dass hin und wieder durch andere Ausdrücke und Wendungen, meist nur in der Wortstellung, die Fassung der Regeln schärfer und lakonischer geworden ist. Denn ein vernünftiger Lakonismos ist das unerlässlichste Erforderniss eines guten Schulbuches, nicht nur weil er die Behaltbarkeit fördert, sondern auch weil er den Geist bildet und kräftigt, eine wohlthätige Abwehr der freilich „zeitgemässen" Verschwabbelung.

Die Erklärung dass meine Grammatik eine Schulgrammatik, nicht eine Schülergrammatik sein solle scheint von Einzelnen wenig begriffen zu sein. Zur Schule gehört vor allen Dingen der Lehrer; also auch für ihn und in manchen Beziehungen nur für ihn muss eine Schulgrammatik geschrieben sein. Denn sie ist ein Werkzeug das er, nicht der Schüler, handhaben soll. Eine Grammatik die statt eines Lehrers bloss einen abfragenden Mitschüler voraussetzt ist eine Schülergrammatik, keine Schulgrammatik. Die vorliegende ist aus meinem Schulleben hervorgegangen, einzelnen Partien nach schon 1820 für meine Schüler ausgearbeitet, die ich fortwährend, auch im Preussischen, danach unterrichtete, indem ich den Buttmann zu Grunde liegen liess).

„Schon gut! hör' ich Hn. Campe sagen, aber folgt aus Ihrem ersten Vorworte auch, dass Sie dem Attikismos mit Recht ein so grosses Vorrecht einräumen?"*) Nicht? wirklich nicht? Nun dann

---

*) Beiläufig beschuldigt mich H. Campe S. 19 eines Wortbruches: „Referent hat Krüger vor vielen Jahren schon aufgefordert nun auch neben seiner

müssen Sie schon, ich kann Ihnen nicht helfen, verehrter Gönner, (den ich bitten muss mir zu erlauben von hier an meine Worte über ihn auch an ihn zu richten), Sie müssen schon, um das Vorrecht als ein wohlbegründetes Recht zu erkennen noch Folgendes aus der Einl. z. 1 Bande S. 7 f. lesen:

„Durch solche und viele andere Schriftsteller für die verschiedenartigsten Formen der Darstellung ausgebildet erlangte der attische Dialekt sehr bald ein Uebergewicht das ihm kein anderer, am wenigsten rücksichtlich der Prosa, streitig machen konnte. Es musste aber dieser Vorrang, um sich nach und nach zu einer geistigen Weltherrschaft zu erweitern, wesentlich auch in den eigenthümlichen Vorzügen des attischen Dialektes selbst gegründet sein. Zart und milde hatte er sich der ionischen Weichheit entäussert, um, dem Dorismos genährt, sich Volltönigkeit und Kraft anzueignen. Reich an Bildungen hatte er auf die vielfache Ungebundenheit der andern Dialekte verzichtet, um sich, ohne zu ängstliche Beschränkung, mit festgeregelter und folgerechter Gesetzmässigkeit zu gestalten, in diesem Streben vorzugsweise dadurch begünstigt, dass er in einer geistigen Metropolis seine Akademie besass, die überall ein festes Gepräge bestimmte und diesem allgemeine Geltung zu verschaffen vermochte. Mehr auf Reichthum als Ueberfülle bedacht, überliess er dem Dichtergebrauche was mehr oder weniger verschollen war oder ein feingebildeter Sinn irgendwie als der prosaischen Sprache nicht zusagend erkannte. Auch in die syntaktischen Verbindungen brachte er strengere Gesetzmässigkeit, wusste aber die ganze Gewandtheit und Fügsamkeit der Sprache auszubeuten, um eine Mannigfaltigkeit von Satzgefügen zu gewinnen und sie einem Räderwerke ähnlich zu einem oft sehr verschlungenen aber doch übersichtlichen, vielfach verketteten und doch leicht fasslichen Periodenbau zu gestalten."

„Durch so ansprechende Vorzüge musste der attische Dialekt, von einer Masse ausgezeichneter Schriftsteller begründet und eingeführt, wie durch die politische Bedeutung und den ausgedehnten Verkehr des regsamen Volkes getragen, sehr bald allgemeinere Verbreitung erringen. Schon im Zeitalter des peloponnesischen Krieges war die Kenntniss der attischen Sprache wie Nachahmung attischer Sitten in Griechenland Gegenstand „der Bewunderung" (Thuk. 7, 63). Dieses Uebergewicht erlosch nicht zugleich mit Athens Uebermacht. Von den Makedonern aufgenommen drang der Attikismos mit Alexander bis zu den Ufern des Ganges, und erstreckte sich, wenn gleich vielfach an seiner ursprünglichen Reinheit gefährdet, unter Alexanders Nachfolgern als Sprache der Gebildeten von den Säulen des Herakles bis zu den Ufern des Indos, vom Fusse des Hämos bis

---

Grammatik eine rein attische Chrestomathie zu stellen und er hat ihm dies versprochen, aber sein Versprechen nicht gehalten." Versprochen? Hn. Campe versprochen? So leichtsinnig pflege ich nicht zu handeln. Gesprochen hab' ich davon dass ich an einem solchen Werkchen arbeitete. Aufgegeben habe ich es nicht aus Mangel an attischem Material (denn es ist mir nie eingefallen ein solches Buch nur aus Attikern zusammenzustellen), sondern weil ich meine — Pappenheimer von Jahr zu Jahr besser kennen lernte.

zu den Katarrakten des Nil. Selbst die Römerherrschaft diente mehr
zu seiner Verbreitung als Unterdrückung. Sogar der ältere Cato,
der sonst so strenge alles Ausländische ablehnte, schämte sich nicht
noch als Greis griechisch zu lernen; und dieser Sprache kundig zu
sein war fortan bei den Römern das wesentlichste Erforderniss höherer Geistesbildung. In allen Zeiten aber galten die grossen Schriftsteller der Griechen für die Apostel echter Humanität, vor allen geeignet die Finsterniss der Barbarei und des Aberglaubens zu ver-
scheuchen."

Machen auch diese Worte auf Sie keinen Eindruck, beharren
Sie noch fest auf Ihrer Ansicht? Nun ich bin keine tyrannische
Natur, ich weiss wie man einmal gewonnene Ueberzeugungen lieb
haben kann und will Sie nicht drängen. „Unbilliges verlangt kein
edles Herz." So mögen Sie denn auf Ihrem Glauben selig werden.
Ich aber, ich bin „ein grosser Ketzer," um mit Alba zu reden, ein
viel grösserer als Egmont, bin sogar ein Ketzer in allen vier Facul-
täten; und im Griechischen kann mich vollends nichts bewegen eine
durch fünfundzwanzigjährige Studien erarbeitete und später durch
anderweitige fünfundzwanzig Jahre begründete Ueberzeugung über
Bord zu werfen. „Solche Mühe hat Gott den Menschen gegeben"
sagt Göthe und ich denke, Gott wird es mir schon verzeihen dass
ich der Mühe Lohn, meine Ueberzeugung, fest zu halten trachte.

Eben so wenig wie über diesen Punct kann ich mit Ihnen, Ge-
ehrtester, über das was Sie demnächst aussprechen übereinstimmen.
„Der attische Dialekt, sagen Sie sei doch auch nicht das Allgemein-
Griechische, sondern in vielen Dingen auch nur ein Dialekt mit seinen Launen und Wunderlichkeiten, die man eben als solche betrachten müsse, die im Laufe der Zeit aus dem alten Attischen
herausgetreten und mit der Zeit wieder verschwunden seien, um den
Formen von welchen sie Auswüchse seien wieder Platz zu machen.
Die spätere Gräcität sei von diesen Abnormitäten wieder zu dem
Normalen zurückgekehrt." Gegen die Ansicht dass bei den Späteren eine Fortbildung und Fortentwickelung des Griechischen zu
suchen sei habe ich mich, erst nach vierundvierzigjährigem Studium
(1862), sehr entschieden ausgesprochen in der vierten Auflage meiner Sprachlehre für Schulen B. 1 S. 9. Da ich wünsche Ihnen meinen Standpunct in Beziehung auf die *κοινοί* klar zu machen, so
werden Sie mir schon erlauben Ihnen die ganze Stelle mitzutheilen.

„Die *κοινοί*."

„Von ungleich geringerer Bedeutung als die Schriftsteller der
classischen Periode sind in sprachlicher Beziehung die spätern,
namentlich die der römischen Zeiten. Zwar gab es auch unter diesen eine beträchtliche Anzahl mehr oder minder ausgezeichneter
Geister denen Stoff und Gehalt eine wohlverdiente Anerkennung
gesichert haben. Indess konnte es doch nur der Unkunde einfallen
in ihren Werken eine Fortbildung und Fortentwickelung des Griechischen zu suchen. Denn bei ihnen, die grossentheils Ausländer
waren, ist die Sprache nicht mehr eine naturwüchsige, sondern eine
angelernte, nicht selten eine durch mancherlei Missverständnisse
entstellte Reminiscenzensprache. Im Allgemeinen zwar verrathen

die spätern Prosaiker eine gewisse Beflissenheit die attische Sprache nachzubilden. Indess gelingt ihnen dies nur in Bezug auf das Aeusserlichste der Formbildung und auch darin keineswegs durchgängig. In Bezug auf syntaktische Fügung haben sie nicht selten Anstössiges, ja erweislich Fehlerhaftes. Ein ziemlich buntscheckiges Gemisch bieten die Meisten besonders in lexikalischer Hinsicht, da sie zum Theil ohne die Nothwendigkeit grundsätzlicher Auswahl auch nur zu ahnen Prosaisches und Poetisches, Attisches und Dialektisches durch einander würfeln,*) wie eben eine mehr oder weniger ausgebreitete Belesenheit und ein mehr oder minder treues Gedächtniss verlockend einwirkte. Freilich kann Manches was uns jetzt als der guten Prosa unangemessen erscheint aus attischen Prosaikern die zur Zeit der bezüglichen Schriftsteller noch vorhanden waren entnommen sein. Allein schwerlich war die Summe dessen sehr beträchtlich. Und wenn wir also auch nicht selten geneigt sein mögen etwanige Lücken in unserer Kenntniss des Attischen durch Benutzung der spätern Schriftsteller auszufüllen, so darf dieses doch nie ohne zweifelnde Vorsicht geschehen."

„Uebrigens mag man die Buntscheckigkeit dieser Schriftsteller theilweise damit entschuldigen dass ihnen die Mittel sich über die Sprache der attischen Prosa zu unterrichten nicht in dem Masse zu Gebote standen wie etwa dem neunzehnten Jahrhunderte**) und dass sie aus ihren unclassischen Umgebungen unwillkürlich manches Fehlerhafte aufnehmen mochten. Andrerseits aber zeigt sich auch hier die gewöhnliche Erscheinung dass, wenn eine Sprache den Höhepunct der Vollkommenheit erreicht hat, spätere Schriftsteller, unfähig mit den grossartigen Vorzügen ihrer mustergültigen Vorgänger zu wetteifern, Gesuchtes und Zierliches dem Einfachen und Natürlichen vorziehen und besonders durch Hervorsuchen verschollener, poetischer und dialektischer Ausdrücke ihre Sprache aufzustutzen suchen, um ihr durch Abweichung von dem Gewöhnlichen eine schmuckreichere Färbung anzukünsteln."

Das einzige Beispiel welches Sie wählen, um die attische Laune „ein Wollen ohne Grund" darzuthun ist wenig genügend, da die Lesart zwischen ἐτίϑης und ἐτίϑεις, ἐδίδως etc. an einzelnen Stellen schwankt. Sprachl. f. Schulen § 36, 11, 1.

„Ueberdies, fahren Sie fort, sei auch das sogenannte Attische keineswegs eine solche Einheit dass man sie zu fixiren berechtigt sei. In der kurzen Zeit von den Tragikern bis zu Demosthenes wie viele Differenzen!" Wenn man die Tragiker, welche sich aus den früheren Dichtern und den Dialekten Vieles angeeignet haben und jedenfalls nicht zur attischen Prosa gehören, abrechnet, so sind der Differenzen, deren sich ja überall auch bei einzelnen Schriftstellern nicht wenige finden, verhältnissmässig keineswegs so gar viele. Auch das Hochdeutsche hat von Luther bis auf Göthe manche Verschiedenheiten und dennoch wird man schon zugeben müssen

---

*) Wie geneigt die Spätern waren überhaupt Allerlei durch einander zu mengen zeigt Struve Opusc. 2 S. 43.

**) Die βιβλία ἃ ἐπὶ τῷ ἀττικίζειν ἀναγινώσκομεν (Dion C. 55, 12) waren gewiss nur von beschränktem Werthe.

dass es allerdings eine gewisse Einheit habe die man zu fixiren berechtigt, ja genöthigt ist.*) Dabei hat selbst das nicht Normale seine Berechtigung. Oder müssten wir im Hochdeutschen wieder aufnehmen was in andern Dialekten normaler erscheint? Die Späteren zum Range von Reformatoren des Attikismos zu erheben ist, dächt' ich, kein glücklicher Einfall. Weniger noch ist es ihre Forderung einer historischen Schulgrammatik. „Wenn Jemand

---

*) Wenn Sie, mein wackrer Gönner, hierauf sagen: „Auch die so wichtigen Inschriften sind noch nicht im mindesten für den grammatischen Zweck ausgebeutet worden," so muss ich mir erlauben Sie eines Irrthums zu zeihen. Wenn Sie sich in meiner grössern Sprachlehre umgesehen hätten, so würde es Ihnen nicht unbekannt geblieben sein dass ich die Inschriften keineswegs unbenutzt gelassen habe. Wenn Sie ferner fragen: „Was berechtigt Krüger z. B. neben βασιλίας βασιλεῖς in Parenthese zu setzen?" so thut es mir leid dass Sie die Antwort auf diese Frage nicht aus meiner Sprachlehre für Schulen § 18, 5, 2 haben entnehmen wollen. Die eingeklammerte Form ist nämlich bei Attikern selten. Dass sie aber desshalb nicht anzutasten sei habe ich durch Anführung einer Inschrift dargethan. Wenn Sie ferner sagen: „ποιοῖ ist völlig eben so gut attisch als ποιοίη," so erlauben Sie mir die Frage womit ich das geläugnet habe. Nur ποιοῖμι, ποιοῖς habe ich als weniger häufig in Parenthese gesetzt nach Sprachl. f. Schulen 32, 3, 6. Weiter: „μείζονες eben so gut als μείζους," Wo habe ich denn gesagt das Eine nicht eben so gut sei als das Andere? Nirgends. „Ἔθηκαν und ἔδωκαν eben so gut und rein attisch als ἔθεσαν und ἔδοσαν und kommen namentlich in den neu entdeckten Fragmenten der Redner (Hyperides) oft genug vor. Diese Belehrung mussten Sie, Verehrtester, an Andre richten, z. B. an Buttmann § 107, 15 und in der mittlern Gr. § 107, 8, oder an Hn. Curtius § 310, der dessen Angabe verschlechtert. (Dem Compilator muss man bei jedem Schritte misstrauen. vgl. Anal. 1 S. 7 f.) Für mich (Spr. 36, 10, 1) kommt die Berichtigung dreissig Jahre zu spät. Schon damals lehrte ich in einer Vorlesung gegen Buttmann: „Gute Schriftsteller sind doch auch Euripides, Demosthenes und Xenophon, bei denen dieser Plural des 1. Aorist häufig ist. Ich habe mir über 80 Stellen besonders aus diesen, aber manche auch aus andern Schriftstellern und nicht bloss von der 3. Person angemerkt. Diese ist am häufigsten zu bezeichnen und erscheint daher auch am häufigsten, aber auch von der 1. u. 2. P. sind die Beispiele verhältnissmässig nicht selten. Dennoch sind die Attiker im Gebrauch dieser Formen sich nicht gleich. Der Plural des 1. Ao. ist mehr, ich möchte sagen, modern; die ältern Attiker gebrauchen für den Plu. den 2. Ao. ausschliesslich oder fast ausschliesslich; ausschliesslich Aeschylos und Sophokles; bei Thuk. findet sich nur παρῆκαν 4, 88, 1 und ἀφῆκαν 7, 19, 4. Diesem schliesst sich Platon an, der καθῆκαν nur ein Mal hat, Tim. 77. Nicht viel weiter geht Aristophanes: ξυνήκατε Ach.. 101, παρέδωκαν Wol. 968. ἐδώκατε Antiph. 5, 77, ἀπέδωκαν Lys. 19, 7 ἀπεδώκαμεν Isai: 5, 28, ἀφήκαμεν 5, 1, ἀφῆκατε zweimal Dein. 1, 57. Wenn Sie versichern dass ἔθηκαν und ἔδωκαν oft genug bei Hyperides vorkommen, so muss ich mich meiner Unachtsamkeit schämen. Denn ich habe wirklich nur drei Stellen bemerkt, im Epitaphios ἔδωκαν und περιέθηκαν 75 u. 108, in den zwei Heften Babingtons, dem ich hier meinen Dank für sein wohlwollendes Geschenk ausspreche, nur eine Stelle, ἀνεθήκατε für Euxen. 24. Und warum denn nicht lieber den Demosthenes als den Hyperides anführen? — „Für den Schüler, fahren sie fort, erschwert dies das Lernen sehr; für die Wissenschaft ist diese Fixirung nicht berechtigt." Warum dies nicht? da z. B. ποιοίησαν sehr selten vorkommt. Dass es das Lernen sehr erschwere kann ich nicht glauben. Vieles der Art ist so beiläufig zu erinnern dass der Schüler es behält ohne zu bemerken dass ihm etwas zugemuthet werde. Ueber den Kunstgriff gelegentlich etwas zu lehren s. man meine didaktische These 26.

•

für Ausländer eine Sprachlehre zur Erlernung des Deutschen schriebe
und dabei Hochdeutsches und Plattdeutsches, Alemannisches und
Schweizerisches, die Sprechweise des Nibelungenliedes, Hans Sach-
sens und Göthes bunt durch einander würfe, müsste man ein solches Verfahren nicht für ein ganz sinnloses erklären? Unfehlbar!
Und ist das Verfahren unsrer Mischmaschgrammatiker erheblich vernünftiger? Ich kann es nicht finden." Diese 1866 ausgesprochene
Ansicht (Vad. S. 20) habe ich seit 44 Jahren gehabt; habe sie jetzt
um so mehr, da der Augenschein mich belehrt dass, wenn Jemand
etwa meine homerische und herodotische Formlehre, fünf Bogen,
und einen Auszug aus meiner poetischen und dialektischen Syntax,
gleichfalls etwa fünf Bogen, in meine Sprachlehre für Anfänger ein-
schalten wollte, die Uebermasse des Stoffes, den man freilich früher
nicht hinreichend kannte, das Werk völlig unbrauchbar machen
würde. (Vgl. Ueber Hn. C. Formenlehre S. 12.) Der schwedische
Uebersetzer meiner kleinen Sprachlehre, L. A. A. A u l i n, hat die
Einschaltung nur beim Verzeichniss der unregelmässigen Verba gewagt, würde sie aber auch hier besser unterlassen haben. Aehnlich
der griechische Uebersetzer A. G. K o s t o p u l o s.

Bei diesen Ansichten kann ich mich um so mehr beruhigen, da
auch M a d v i g, ihnen beistimmend, sich Vorr. S. XIV über die
Sache so ausspricht: „Selbst in einem ausführlicheren, für Philologen
allein berechneten Werke würde ich mich im Ganzen auf diese
Sprachform (die attische Prosa) beschränkt haben, weil es mir auch
in rein wissenschaftlicher Rücksicht in diesem Augenblicke vor
Allem darum zu thun sein würde, diese Hauptgestaltung der griechischen Sprache in einem klaren und festen Systeme darzustellen,
woran dann die Darstellung sowohl der Abweichungen oder noch
etwas loseren Normen der älteren Dichtersprache und der ionischen
Prosa als der Eigenheiten des etwas späteren Sprachgebrauchs sich
anschliessen könnten. Das Bestreben, die griechische Syntaxe wenigstens von Homer bis zu den letzten attischen Rednern in einer Bearbeitung mit gleicher Vollständigkeit zu umfassen, hat häufig den
Blick verwirrt, ihn von dem Festen und Wesentlichen in den Phä-
nomenen abgeleitet und den Regeln Sicherheit und scharfe Begrän-
zung benommen. In Rücksicht auf die Schule musste ich aber noch
mehr diese Beschränkung für nothwendig ansehen. Hier muss die
regelmässige ausgebildete Schriftsprache der Culminationszeit der
griechischen Litteratur durchaus zu Grunde gelegt (mehr, als es bis-
her gewöhnlich geschehen) und (nach dem Massstab der Schule) genau gelernt werden; damit ist in grammatischer Rücksicht zugleich
das Verständniss der späteren griechischen Gemein-Schriftsprache
(ἡ κοινή) im Ganzen gegeben, von deren einzelnen Abweichungen in
der Schule nur da die Rede sein darf, wo sie beim Lesen eines
oder des anderen Schriftstellers Anstoss erregen. Von der attischen
Litteratur soll der Schüler zwar zum Lesen der primitivsten Schriftsteller, Homer und Herodot, und also zu ihrem Dialekt geführt werden, aber hier muss ihm, nach meiner vollen Ueberzeugung, die Bekanntschaft mit den Dialekteigenthümlichkeiten (deren es in syn-
t a k t i s c h e r Rücksicht bei Herodot weder sehr viele noch grosse
giebt, und die bei Homer zum grossen Theil negativ, als weniger

feste Norm hervortreten) so leicht als möglich gemacht und gar
nicht mehr gegeben werden, als was erfordert wird, um Verwirrung
in dem wirklich gelesenen Pensum zu verhüten. Ich sehe voraus,
dass ich hier von einigen der Empfehlung der Ungründlichkeit an-
geklagt werden werde; aber ich weiss auch, dass man bisweilen in
der Schule, indem man recht grosse Gründlichkeit erstrebt, sogar
das Nähere verfehlt, das erreicht werden konnte und sollte. Was
eine genetische Auffassung der griechischen Syntaxe betrifft, —
denn ich weiss gar wohl, welches Wort sich hören lassen wird —
so liegt die griechische Syntaxe, bei den ausgeprägten grammatischen
Formen und Bedeutungen derselben, in allen Hauptnormen da fertig
vor, wo wir zuerst griechische Sprache finden, und es ist später
nur die Rede von einer Durchführung zu fester Consequenz und
Gleichförmigkeit; das Detail der Differenz in dieser Beziehung muss
ganz dem Specialphilologen anheimfallen, für den allein, jedoch nicht
einmal für jeden klassischen Philologen, es bisweilen viel Interesse
haben kann; das Centrale und Wesentliche der Normen lässt sich
in der Schule überall in der vollständig befestigten Sprachform er-
greifen und erkennen, ohne dass man zu den durch die Natur und
älteste Aufbewahrung des Volksgedichts verwickelten Specialitäten
der homerischen Syntaxe zurückzugehen hätte."*)

8. Das System.

Der Irrthum wiederholt sich immerfort in der That;
desshalb muss man das Wahre unermüdlich in Worten
wiederholen. (Göthe.)

So eine Arbeit wird eigentlich nie fertig, man muss sie
für fertig erklären, wenn man nach Zeit und Umständen
das Mögliche gethan hat. (Göthe.)

Nach diesen Erörterungen über das Baumaterial, wird es angemessen sein uns die betreffenden Baumeister etwas näher anzu-
sehen. Dazu geben Sie, mein verehrter Gönner, eine Anleitung
durch Ihre Worte S. 19: „Wie Buttmann seine Stärke habe in der
Beobachtung und in feinem Gefühle für das Einzelne, daher
denn § 149 und 150 zu den schönsten Partien Buttmanns gehörten,
so Krüger in der Systematisirung, welche allerdings nicht von gewissen Abstractionen ausgehe und darnach das Einzelne zu gliedern
strebe, sondern vielmehr vom Einzelnen und dessen Verbindung und
Sonderung in Gruppen aufsteige." Nach dieser Zusammenstellung
wird Jeder glauben müssen dass Sie die Haupteigenschaft die Sie
Buttmann nachrühmen mir ganz oder so gut wie ganz absprächen.
Nun aber hat Madvig (Vorr. S. X), der Buttmann gar nicht erwähnt, vor allen deutschen Grammatikern mich ausgezeichnet als
„den durch feinen Sprachtact und selbständige Beobachtung vor-
züglichen Krüger." Aehnlich urtheilt über mein Werk Fr. Franke
an d. a. St. S. 829.

„Auch in der Syntax, sagt er, ist, vielleicht bloss mit Ausnahme

---

„*) Es darf nicht unbemerkt bleiben, dass K. W. Krüger die hier ent-
wickelte Ansicht von der grösseren Berechtigung der attischen Sprachform in
der Schule theilt."

des letzten Abschnittes,*) nicht leicht ein Paragraph zu finden welcher den Leser nicht theils durch die Vollständigkeit des zusammengebrachten Stoffes, theils durch die scharfe Beobachtung und oft sinnige Auffassung des Sprachgebrauches, durch einzelne feine Bemerkungen, selbst kritische überrascht; sie zeigt zugleich welch' ungeheurer Abstand ist zwischen einer Grammatik die das Resultat vieljähriger und sorgfältiger Lectüre der Schriftsteller ist und einer solchen welche aus dem Studium der Grammatiken und grammatischen Monographien hervorgegangen ist." (Meint er mit den letzten Zeilen etwa Buttmann?)

Und so haben auch Andre mir eine glückliche Beobachtungsgabe und feine Bemerkungen so vielfach zugesprochen dass ich wirklich geglaubt habe, es müsse wohl etwas daran sein, ja dass ich mir schmeichelte es werde mir gerade in dieser Hinsicht unter den Verfassern griechischer Grammatiken eine hervorragende Stelle zuerkannt. Sollte denn wirklich was Buttmann Eigenes bietet so ausserordentlich viel sein dass meine Leistungen dem gegenüber gar nicht in Betracht·kämen? Ich glaube, mein verehrter Halbgönner, es würde Ihnen manche Woche Arbeit kosten in Buttmann nur halb so viel Neues und Eigenes aufzustöbern als meine Sprachlehre Ihnen mit nicht karger Hand darbietet. Wenn Sie an Buttmanns § 149: „Von einigen andern Partikeln, und § 150: Noch einige Redensarten," in der Kraut- und Rübenordnung durch einander geworfen, so viel Geschmack finden, so wünsche ich Ihnen gesegneten Appetit. Wenn ich so etwas dargeboten hätte, würde man mich nicht mit Skorpionen gegeisselt haben?

„Krügers Systematik, sagen Sie weiter, ruhe auf Distinction. Dies könne aber vielfach zu Spitzfindigkeiten verleiten." Soll, ja darf man dieser Möglichkeit wegen alle Distinctionen aufgeben? Eine solche Zumuthung wäre abenteuerlich. Mein Grundsatz ist: wo Verschiedenheit ist, da ist auch Unterschied; diesen zu suchen ist des Grammatikers Aufgabe; wenn er sie auch nicht immer befriedigend lösen kann, so darf er doch keineswegs sich ihr überall entziehen. Sie, Verehrtester, meinen das freilich. Denn, äussern Sie, die Sprache sei auch in Bezug auf Verbindung der sprachlichen Elemente zu einem Satzganzen als im Fluss begriffen zu denken; sie kenne jene Distinctionen nicht." Wirklich? Die Sprache, meint' ich, kennte die Distinctionen sehr wohl, wenn auch die Grammatiker zuweilen sie missverstehen. Was Ihr im Fluss begriffener Sprachgebrauch hier solle, würde mir vielleicht klar werden, wenn Sie Ihre

---

*) H. Franke hat eine feine Witterung. Gegen das Ende der Bearbeitung des ersten Bandes (1843), welche die Nerven aufs Aeusserste angriff, war meine Gesundheit durch Hämorrhoiden, Rheumatismen und den bedrohlichen Vorboten der Schwindsucht, starken nächtlichen und bis gegen Mittag andauernden Schweiss, so zerrüttet dass Manche mich aufgaben. Vernünftig wäre es gewesen die Arbeit abzubrechen und in ein Bad zu gehen. Aber wer bürgte dafür dass ich wiederkehrte, genesen wiederkehrte? Ich arbeitete also fort, so gut es ging. Lieber mochte der Verfasser untergehen als das Buch unvollendet bleiben. Ich genas, weil ich keinen Arzt gebrauchte und die Energie hatte in sechs Wochen hundert und fünfzig Meilen zu gehen statt zu liegen. Ueber meine consequente Jatrophobie (Abführung der Aerzte) s. Anal. 2 S. 60, 1.

Ansicht durch Beispiele erläutern wollten. Vielleicht; vielleicht auch
nicht. Sind Sie etwa ein Hegelianer? Was Sie da sagen klingt
mir so Hegelisch, etwas nebel- und schwebelhaft. Ne fumum ex
fulgore, sed ex fumo dare lucem cogita.

„Die Dunkelheit, sagen Sie weiter, welche man Krüger nicht
ohne Grund vorwerfe, liege in diesem Bestreben einen im Fluss be-
griffenen Sprachgebrauch zu rubriciren." Ueber diesen Fluss kann
ich auch hier nicht hinweg kommen; und wie aus diesem Bestreben
meine angebliche Dunkelheit entstehen konnte mag ein Anderer begreifen. Und soll denn ein Sprachgebrauch, weil im Fluss begriffen,
über Bord geworfen, soll er gar nicht erwähnt werden? „Hierzu
komme, behaupten Sie, eine Neigung zu Absonderlichkeiten, wie seine
Lehre von ideell abhängigen Sätzen. Kein Anderer erkenne
sie an und kenne sie. Warum nicht lieber die einzelnen Satzarten
welche hierunter begriffen seien aus einander halten und jede für
sich behandeln?" Warum nicht? Aus dem sehr einfachen Grunde
weil es verkehrt ist dieselben Regeln die es ein Mal zu lehren und
zu lernen genügt zu zerreissen, um sie drei Mal aufzustellen und
drei Mal lernen zu lassen. Warum hat es Ihnen, mein wohlgeneigter Gönner, nicht beliebt die Antwort auf Ihre Frage in meiner
Sprachl. § 54, 6, 1 zu lesen und zu erwägen oder zu widerlegen?
„Die Verwandtschaft dieser Satzarten ist einleuchtend; ihrer Trennung
widerstrebt auch die Gleichheit der Construction. Vgl. § 65, 1." —
Und was finden Sie denn absonderlich an dem Ausdruck „ideell
abhängig?" Klingt Ihnen etwa auch „real abhängig" seltsam?
„Aber kein anderer Grammatiker hat so gesprochen?" Verlangen
Sie denn, Verehrtester, wirklich dass für mich, der ich denn doch
wohl schon längst schriftstellerisch mündig bin, das Verfahren von
Männern wie Hn. Kühner und G. Curtius massgebend sein
müsse? Nur eine Absonderlichkeit werd' ich nicht abläugnen können, einen mitunter ziemlich gewählten Stil, von dem z. B. meine
Einleitung zu der grössern Sprachlehre eine Anschauung bietet. Der
Grund liegt einfach darin dass ich meine bedeutenderen Sachen
meist so oft aus- und umarbeite wie Thiers seine Kammerreden,
nämlich vier Mal, doch, mein' ich, wird dabei so ziemlich Alles einfach, natürlich, treffend scheinen.

Und nun, mein wohlgeneigter Gönner, möchte ich mir noch erlauben Ihnen eine Warnung Lessings ans Herz zu legen. „Ich bin
überzeugt, sagt er in der Dramaturgie No. 70, dass das Auge des
Künstlers grösstentheils viel scharfsichtiger ist als das scharfsich-
tigste seiner Betrachter. Unter zwanzig Einwürfen die ihm diese
machen, wird er sich von neunzehn erinnern sie während der Arbeit
sich selbst gemacht und sie auch schon sich selbst beantwortet zu
haben." Wenn Sie sich dieser Worte, die ich schon seit funfzig
Jahren bei jedem Anlasse erwogen habe (Einl. zu m. Dionys. p. X),
gleichfalls erinnert hätten, so würden Sie sich wohl besonnen haben
(vielleicht nur auf die Gewähr der verwegenen Herren) so keck
zu behaupten „dass ich Zusammengehöriges vielfach auseinander
reisse." Aus einander reisse? Wenn ich Manches trenne, was
wirklich zusammengehört, so geschieht das nie ohne Gründe. Ver-
gleichen Sie z. B. meine krit. Br. S. 34 und mein Vademecum

S. 20. 21. 31, 14. Es thut mir leid, wenn Sie mich als Grammatiker noch für so unreif halten dass man sich mit ganz leicht hingeworfenen Bemängelungen und Bemäkelungen an mich wagen dürfte.*) Doch darum, mein verehrter Gönner, darum keine Feindschaft.

Das System und die Anordnung meiner Sprachlehre hat vielfach Tadel, aber so viel ich weiss nirgends eine Begründung dieses Tadels hervorgerufen. Man stiess sich eben daran dass mein Verfahren neu, dass es sehr ungewöhnlich war, Viele namentlich daran dass ich nicht auf Beckers Spuren einher wandelte, dessen Weise für „unsterblich" galt und es auch blieb — bis weit in die vierziger Jahre hinein. Die Deutschen müssen in dieser Art immer ein Paradesteckenpferd reiten oder sich vorreiten lassen, wie jetzt die vergleichende Sprachkunde, von der allein sie Heil und Segen verkünden und vielleicht noch geraume Zeit verkünden werden,**) mit solcher Bedachtlosigkeit dass sie es laut ausposaunen: dem Curtius gehöre die Zukunft. Und warum nicht? wenn die Zukunft albern genug sein sollte ihr Heil zu suchen in der Grammatik eines Stümpers geschrieben für Stümper und solche die es werden oder bleiben wollen. Aber wie? wenn die Zukunft nicht geneigt sein sollte durch grobe Ignoranz und freche Protection sich täuschen zu lassen; wenn sie einsähe dass die Beschäftigung mit der Linguistik, die so viel Verkehrtes in einem Kessel zusammenbrodelt, der Ruin des Griechischen sei (vgl. Ueber Hn. C. Formenl. S. 10 f.); wird sie dann sich nicht schämen dass ein solches Buch bei den guten Deutschen jemals Anklang gefunden? wird sie nicht ausrufen: „Weg mit dieser Sudelküche, in der es

> Brauset und siedet und zischt
> Wie wenn Wasser mit Feuer sich mengt.

Fort mit ihr oder fort aus dieser irrenhäuslichen Atmosphäre. Denn

---

*) Zur Beherzigung empfehl' ich noch was ich über diese Sache in den krit. Br. S. 9 gesagt habe:

„Bedeutendere Umarbeitungen sind überhaupt in unzähligen Fällen äusserst gewagt. Denn wer bürgt dafür dass der Aenderer Recht habe wo er es zu haben glaubt? Wie übel es selbst einem leidlich Kundigen, zumal bei einer solchen Arbeit öfter ergehen könne, davon habe ich selbst bei der zweiten Ausgabe meiner eignen Sprachlehre auffallende Erfahrungen gemacht. Nicht selten glaubte ich bessern zu müssen und besserte wirklich, um nach abermaliger Erwägung einzusehen dass die schon niedergeschriebene Verbesserung eine Verschlechterung sein würde. In den meisten Fällen habe ich diese Bemerkung noch zu rechter Zeit gemacht; in einigen aber bietet die zweite Ausgabe wirklich Verschlechterungen. Was mir schon an der eignen Arbeit vorgekommen ist, wie viel leichter kann das Jemand, zumal einem nicht vollkommen Kundigen, an einer fremden begegnen? Ein warnender Wink für Beurtheiler, die oft mit ihren Ausstellungen so leicht fertig sind, gelegentlich am leichtfertig auf unerwogene Einzelheiten allgemeinen Tadel zu gründen, wie dies besonders bei Halbkundigen vorkommt."

(Vgl. auch Stud. 2 S. 83: „Zur Erläuterung oder nähern Bestimmung Dienendes in die Regel einzuflicken ist ein Fehler gegen die Methode.")

**) Wie jetzt die Sache liegt, würde ich mich nicht wundern, wenn die betreffenden Herren es für eine Frechheit erklärten dass noch so viele es wagten deutsche Werke zu schreiben ohne vergleichende Sprachkunde getrieben zu haben.

Mir wird von alledem so dumm
Als ging' mir ein Mühlrad im Kopf herum.

Als ich bei der zweiten Auflage meiner Sprachlehre für Schulen in der Vorerinnerung zur Syntax mich entschieden gegen die Verpflanzung der Beckerschen Methode auf die griechische Grammatik aussprach*) und Durchschlagendes dagegen anführte, erregte das ziemlich allgemeine Missbilligung. Von einer Widerlegung jedoch habe ich nichts erfahren: Niemand hat mir etwas Besseres angegeben; Niemand mir auch nur gesagt wesshalb meine Anordnung unpraktisch sei und was für eine Weise praktischer sein dürfte. Und so werde ich denn schon einstweilen bei dem was sich mir als das Beste herausgestellt hatte verbleiben müssen und kann das um so mehr da ein Mann wie Fr. Franke a. d. a. St. S. 828 dem Sie, mein urtheilsfähiger Freund, ja wohl beistimmen, sich so darüber ausspricht:

„Was das zweite Heft, die Syntax, betrifft, so war im Voraus als gewiss anzunehmen dass H. Krüger für die Anordnung derselben keine fremdartige Theorie anderswoher, etwa von der Grammatik der deutschen Sprache entlehnen und in diese wie in einen spanischen Stiefel die Erscheinungen der griechischen Sprache, unbekümmert um den Geist derselben, einzwängen und einkeilen werde, nach Art sogenannter philosophischer Grammatiker, deren Grammatiken alles andere, nur nicht wissenschaftlich sind, ein bedauernswerthes Verfahren, über welches Madvig jüngst in seinen Bemerkungen über verschiedene Puncte des Systems der lateinischen Sprache (Braunschweig 1843, 8) sehr beherzigenswerthe Worte gesprochen hat. Im Gegentheil Hn. Krügers Eintheilung der Syntax ist eben so einfach und natürlich als praktisch u. s. w."

9. Zu viel oder zu wenig. Allotria.

„Sie wollen Dir keinen Beifall gönnen,
Du warst nie nach ihrem Sinn."
Hätten Sie mich beurtheilen können,
So wär' ich nicht was ich bin.   (Göthe.)

Das Publicum kann sich einer heimlichen Schadenfreude nicht erwehren, wenn vorzügliche Männer, denen es gar manches Gute schuldig ist, herabgesetzt werden, da, es sich von der andern Seite einer strengen behandelten Mittelmässigkeit gar zu gern liebreich und mitleidsvoll annimmt.   (Göthe.)

Ihre Vermuthung, mein scharfsinniger Freund, dass H. Campe immer noch mein Gönner, mein wirklicher geheimer Gönner sei, zumal da er sich schliesslich ja doch für die Beibehaltung meines Buches erklärt habe, könnte richtig sein. Mit seinen Einwendungen mochte er mir nur Gelegenheit bieten wollen den massenhaften

---

*) Gewarnt hatte ich vor derselben schon in der Rec. des Kühner Stud. 2 S. 88: „Die Syntax hat H. K. durchgängig als Satzlehre construiren wollen; dabei aber hat ein andres Princip, welches ich das formale nennen würde, seine wohlbegründeten Ansprüche so gebieterisch und unabweislich geltend gemacht dass der Verfasser ihm theilweise die gebührende Anerkennung nicht versagen konnte. Eine nothwendige Folge davon ist es dass nun Alles höchst buntscheckig durcheinander läuft.

Staub den man von vielen Seiten den Urtheilsunfähigen in die Augen gestreut hat zu beseitigen. Ja ich finde noch einen Punct der mir Ihre Ansicht zu bestätigen scheint, indem er mir Veranlassung giebt mich über das Zuviel und Zuwenig meiner Sprachlehre auszusprechen. „In unsern griechischen Syntaxen, sagt H. Campe S. 12, ist, selbst wenn sie sich auf den Atticismus beschränken wollen, wie z. B. Krüger dies thut, doch immer eine Masse heterogenen Stoffes vereinigt." „An dem Zuviel leidet auch die kleine Grammatik von Krüger" fügt er S. 19 hinzu. Wer da weiss dass in dieser die Syntax nur 90 Seiten einnimmt, von denen einen sehr grossen Theil die Beispiele ausfüllen, und wer die syntaktische Reichhaltigkeit der Sprache kennt wird es, mein' ich, undenkbar finden dass mein Buch von der Syntax zu viel enthalten könne, zumal da es auch für den Zweck der Lectüre dienen soll, wofür es so wenig zu viel enthält dass ich z. B. bei Abfassung der Anmerkungen zu Xenophons Anabasis, eine Arbeit die mir als Probe von der Brauchbarkeit meiner Syntax diente, zuweilen noch die Verweisung auf meine grössere Sprachlehre ergänzungsweise zu Hülfe nehmen musste. Doch glaub' ich desshalb nicht Einspruch erheben zu dürfen gegen Hn. Röders Anerkennung zweckmässiger Vollständigkeit zuverlässiger grammatischer Thatsachen" und Hn. Zinzows Erklärung: „keine Grammatik gebe eine solche relative Vollständigkeit," zumal da auch H. Corssen in Schulpforte, wo meine grössere Sprachlehre schon 1843 Eingang gefunden hatte, 1848 äusserte: „die kleinere sei ihm völlig ausreichend." Wie steht es denn aber mit dem Buche des Hn. Curtius? H. Breitenbach, der jenes neben dem meinigen und dem Buttmann bei Erklärung der Anabasis gebraucht, hat die Curtiussche ausserordentlich selten angeführt.

Aber einen Mangel den man an meiner Formlehre mehrfach gerügt hat, den Mangel an ausreichenden Paradigmen, werd' ich doch wohl zugeben müssen? Schwerlich! Meines Erachtens ist die Sache so abzuthun. Man lässt z. B. bei der dritten Declination nur das Wort κρατήρ lernen; wozu daneben noch Beispiele wie φλέψ, φύλαξ, δαίμων u. s. w.? Genügt es nicht, wenn man den Schülern sagt dass bei diesen Wörtern alle Endungen die κρατήρ hat (an den Stamm) antreten und beim Vo. Si. und Da. Plu. die Regeln § 17, 7—10, nur 6 Zeilen, zur Anwendung kommen? Alles was ausser diesen Formen in den Paradigmen von φλέψ u. s. w. steht ist überflüssig, möglicherweise verwirrend.*) Jene Regeln aber können und müssen gleich einge-

---

*) Hierüber habe ich mich schon in der Rec. des Kühner Stud. 2 S. 90 ausgesprochen: „Die Anwendung ist Sache des Lehrers und nicht der Grammatik, die sich vernünftiger Weise grösstentheils darauf beschränken wird, wo es etwa nöthig scheint, zur Anwendung Stoff zu bieten. Höchst seltsam erscheint mir daher nach meinen didaktischen Erfahrungen die Meinung derer welche es für eine Schulgrammatik als ein wesentliches Erforderniss betrachten dass dieselbe den Jungen Alles möglichst vormache, vordeclinire, vorconjugire u. s. w., etwa wie weiland Pischek in seinem Rechenbuche die Exempel vorrechnete. Aber dieser setzte dabei keinen Lehrer voraus; eine Schulgrammatik setzt einen voraus; was also hat jener zu thun, wenn schon diese Alles vorge-

prägt werden, wozu es nicht einer Viertelstunde bedürfen wird, wenn man, wie natürlich, das in den Anmerkungen Zugefügte einstweilen übergeht. Beiläufig möcht' ich den Hn. Paradigmatikern empfehlen die Jugend mit unerweislichen Vocativen zu verschonen, zumal wo andere als die von ihnen angegebenen nachweislich sind. Wie ich glaube dass man bei der ersten Declination verfahren müsse, habe ich in der Sprachl. f. Schulen § 15 Anm. angegeben. Dass auf Raison Gegründetes sich besser behalte als bloss mechanisch Gelerntes ist einleuchtend. Ueberall darauf bedacht dass man die jugendlichen Kräfte nicht dem Moloch des Schlendrians zum Opfer bringe habe ich mich gegen das Paradigmenunwesen, für den Schüler der schrecklichste der Schrecken, der schon Manchem die Sprache verleidet hat,*) seit dreissig Jahren mehrfach sehr entschieden erklärt, namentlich in meiner Recension der ersten Auflage der Kühnerschen Schulgr. Stud. S. 90 u. 91 wie in meinen didaktischen Thesen 2—6, jetzt in m. Vad. S. 31. Schon in meiner Jugend habe ich besonders an einem französischen Lehrer gründlich gelernt wie wenig durch das Paradigmenunwesen gewonnen wurde. Paradigmen schreiben zu lassen**) habe ich in meinem Leben nur ein Mal über mich gewonnen, im ersten Sommer meiner Wirksamkeit am Joachimsthalschen Gymnasium, als — Ferienarbeit!! weil mehrere Collegen gegen meinen Einspruch hartnäckig behaupteten dass es schlechterdings nicht anders ginge. Erst vor einem Vierteljahre

---

macht hat? Oder soll sie durch Vormacherei auch die Dummen in Stand setzen Alles nachzumachen, indem sie nur nöthig haben das Auge, nicht den Verstand zu gebrauchen?" Eb. S. 91: „Also fort mit dem unnützen Ballast überflüssiger Paradigmen, überflüssiger Beispiele, überflüssiger Vormacherei. Der tüchtige Lehrer wiegt selbst genug, um dessen nicht zu bedürfen, und der jämmerliche wird mit allem Ballast gewichtlos bleiben." Beiläufig warn' ich dringend ja nicht lange bei Sachen zu verweilen die sich nach und nach ganz von selbst lernen. Man geize mit jeder Minute. Auch frage man nicht ob etwas auch fördert, sondern ob es auch genug fördert, so dass die darauf verwandte Zeit belohnt wird; und ob nicht auf andre Weise dasselbe leichter und sicherer zu erreichen sei.

*) Der schwedische Uebersetzer meiner Sprachlehre hat noch am Ende über neun Seiten Paradigmen der Substantive und Adjective hinzugefügt! Wenn die armen Jungen glauben dass sie das Alles lernen sollen, muss sie da nicht ein furchtbares Paradigmenfieber durchrütteln und durchschütteln? „Aber es müssen doch Dinge der Art den Jungen fest eingeprägt werden, ehe sie weiter gehen dürfen." Fest? ja bis sie dieselben wieder vergessen haben, die Einen nach Wochen, die Andern nach Monaten, Wenige nach Vierteljahren. Und was wollt Ihr denn mit Eurer pedantischen Festigkeit? Ich habe mich der deutschen Sprache nun schon über siebenzig Jahre lang zum Sprechen und Schreiben bedient; aber ich müsste lügen, wenn ich sagen wollte dass ich nicht immer noch gelegentlich das Lexikon oder die Grammatik nachzuschlagen nöthig hätte Und ich fürchte es geht noch gar Vielen nicht besser, wenn anders es wahr ist was G. Hermann (D. pron. αὐτός p. 74) sagt: sunt autem patriae linguae plerique omnes qui ea utuntur imperiti. Also nur immer fröhlich fortgeschritten mit den noch nicht ganz Festen und die Gelegenheiten benutzt ihnen beiläufig Vieles einzuprägen. So Gewonnenes sitzt am Festesten. Völlige Festigkeit giebt überhaupt erst der Gebrauch. Doch das ist unbequemer als — Paradigmen schreiben zu lassen.

**) Statt dessen empfehle ich die Jungen täglich zwei bis drei unregelmässige Verba und zwei bis drei Sentenzen lernen zu lassen. Vgl. Vad. S. 22 u. 32, 24.

eingetreten mochte ich nicht mit einer schroffen Opposition gegen
die ältern Collegen beginnen und auf die Gefahr mehrere Tausend
Jahre Fegefeuer damit zu verwirken fügte ich mich der thörich-
ten Forderung. Man verzeihe den starken Ausdruck : ich kann Persönlichkeiten nicht schonen wo diese Schonung Verrath an der Sache
wäre. Als ich später nach Jahr und Tag gezeigt hatte dass es
anders sehr wohl, ja viel besser ginge verschonte man mich mit so
verkehrten Zumutbungen.

Nun, mein nachsichtiger Freund, erlauben Sie mir noch einige
Mittheilungen die Ihnen vielleicht als nicht gehörig erscheinen werden, die aber doch zur Bestätigung meiner Ansichten einige Seiten verdienen dürften. Wie verderblich die heillose Paradigmenschmiererei
einwirke, davon habe ich mich noch vor einigen Jahren gründlich
überzeugt. Einen Knaben von zehn Jahren unterrichtete zugleich
mit andern Kindern ein Hauslehrer, dem der Vater ganz freie Hand
liess, da er glaubte dem durch sehr lange Uebung erprobten Manne
gesunden Menschenverstand zutrauen zu dürfen. Nur vor der Paradigmenschreiberei wurde er dringend gewarnt. Aber nach einem
halben Jahre machte man die schreckliche Entdeckung dass der
Junge im Lateinischen nichts Anderes gethan als täglich eine Stunde
Paradigmen geschrieben und mithin so viel wie gar nichts gelernt
hatte. Wenn die Lage des Mannes nicht bedauerlich gewesen wäre,
so würde man ihn sofort entlassen haben. Inzwischen behielt man
ihn einstweilen noch, aber ein Anderer unterrichtete den Jungen,
täglich nur eine Stunde, im Lateinischen nach einer andern Weise.
Nach zwei Jahren war der Knabe so weit dass er, nachdem das
Schulzesche tirocinium, der Nepos und Caesar de bello Gallico mit
ihm gelesen war, den Livius mit grosser Geläufigkeit, denn auch
die Vocabeln waren ihm selten unbekannt, ohne das Lateinische zu
lesen, vom Blatte weg übersetzte. Auch das tirocinium poeticum
von Siebelis verstand er ziemlich gewandt zu handhaben. Combi-
nation und Divination waren durch vieles Lesen sattsam
geübt worden. Die Fertigkeit im Uebersetzen des Deutschen ins
Lateinische, was man grundsätzlich nicht zu früh anfing,*) liess
freilich noch Vieles zu wünschen übrig, hat sich aber später auch
gefunden. Der Lehrer war nämlich der Ansicht die, wie ich erst
vor einigen Tagen gesehen habe, schon der ausgezeichnete Latinist
J. A. Ernesti in der Einleitung zu seiner Erklärung der Ciceroni-
anischen Reden ausgesprochen hat, dass es etwas mehr und etwas
Nützlicheres sei die lateinischen Schriftsteller zu verstehen als gut
Latein zu schreiben; und dass der welcher das Letztere könne das
Erstere meist nicht könne." Das Uebersetzen aus dem Lateinischen
bleibt für Alle, das Lateinschreiben nur für den Philologen wichtig.

Beiläufig hatte der Junge auch die Lorinsersche Frage entschieden. Kaum 15 Jahre alt war er aus einem ganz winzigen
Bübchen so gross wie der Vater (5' 6") geworden, von Fremden
18 bis 19 Jahre alt geschätzt. Triumphirend sagte er einst zu der

---

*) Wozu ganze Seiten mit Aufgaben wie: der gute Hausvater, der kriege-
rische Scythe etc.? Das ist reine Zeitvergeudung. Derartiges lernt sich ohne
Aufgaben.

Mutter, welche, wie die lieben Weiberchen pflegen, viel, sehr viel
Fleiss verlangte, während er das ne quid nimis deutend auf möglichst wenig Arbeiten hinarbeitete, indem er ihr seine eisenfesten
Muskeln vorzeigte: „Siehst du, Mutter, ist es so nicht besser als
wenn ich, wie mein ehemaliger Spielcamerad, der mit Arbeiten übermässig gehetzte, elend hinsiechte?" Bei seiner anderweitigen Faul-
heit behielt er denn noch Zeit genug übrig viel zu lesen und sich
mehr allgemeine Bildung zu erwerben als die meisten seiner Alters-
genossen hatten, beiläufig durch Lectüre zu einem frischen, lebendigen Stil vorgebildet, ohne mit Aufgaben die über seiner Sphäre
lagen abgequält zu sein. Die Bücher sind nun einmal unsere un-
entbehrlichsten Lehrer und dass die Deutschen auch der mittleren
und höheren Stände so lesefaul sind, ist der Grund wesshalb sie
an politischer Bildung und Einsicht z. B. den Amerikanern so sehr
nachstehen.

Unbegreiflich ist es mir dass es manchen Lehrern so ausserordentlich schwer wird den Schülern die nothwendigsten Elemente des
Griechischen beizubringen, da doch mässig begabte Schüler das Er-
forderliche ohne Unterricht in verhältnissmässig kurzer Zeit zu erreichen vermögen, versteht sich wenn sie die Sache mit Lust und
Eifer angreifen. Ich weiss davon ein mir ganz genau bekanntes
Beispiel. Ein Schüler der in der Heimath keine Gelegenheit gehabt
hatte mehr als die griechischen Buchstaben zu lernen kam auf ein
Gymnasium und wurde nach Tertia gesetzt, im Griechischen jedoch,
wie mehrere Tertianer, nach Quarta. Der betreffende Lehrer, zugleich auch Ordinarius in Tertia, war ein klug berechnender Mann.
Er hielt es für eine seiner ersten Pflichten den Jungen das zu spät
Kommen abzugewöhnen und kam daher selbst erst gegen Halb. Um
jedoch seinen Zweck ganz sicher zu erreichen, ging er dann etwa
noch zehn Minuten in der Classe auf und nieder. Demnächst glaubte
er sich verpflichtet den Jungen nicht langweilig zu werden und sie
nicht übermässig anzustrengen. Daher schloss er in der Regel schon
vor Voll. Seine Stunden waren also Erholungsstunden, die der
erwähnte Schüler, durch Paradigmenschreiberei und andre unnütze
Aufgaben nicht abgequält, bestens benutzte, um mit nicht erschöpf-
ten Kräften theils in der Classe theils auf seiner Stube sich mit
dem Griechischen zu beschäftigen. Der Erfolg war überraschend.
Als nämlich etwa nach sechs Wochen wegen Unwohlseins jenes
Lehrers, wie es dem kräftigen Manne öfters zustiess, Tertia und
Quarta combinirt wurden, beschäftigte sich der griechische Lehrer
der Tertia, ich weiss nicht wodurch veranlasst, eine Zeit lang vorzugsweise mit dem Autodidakten und fand sich so befriedigt, dass
er ihn „ohne weiteres Examen" auch im Griechischen nach Tertia
versetzte, wie denn der Junge sich auch später in dieser Sprache
auszeichnete: dies keineswegs in Folge hervorragender Talente, denn
er fasste schwer und vergass leicht; auch nicht in Folge übermässi-
gen Fleisses, denn er verbummelte und verspielte viel Zeit, gab
auch nebenbei noch Privatstunden; auch nicht in Folge eines langen
Schulbesuches: denn dieser beschränkte sich auf zwei Jahre und
neun Monate, nach deren Ablauf der Junge mit dem Zeugniss Nr. 1
zur Universität abging; auch nicht in Folge überhäufter Aufgaben:

denn in diesem Puncte waltete ein höchst liberales Verfahren, zum
Theil ein zu liberales, wie z. B. in drei Vierteljahren den Primanern
nur zwei deutsche Arbeiten auf-, die zweite jedoch nie zurückgegeben
wurde; auch nicht in Folge des besonders vortrefflichen Unterrichts:
denn der Hauptlehrer in Prima, dessen der Junge sich fünf Vierteljahre lang erfreute, betrieb das Geschäft mit äusserst behaglicher
Gemüthlichkeit, so dass er z. B. von dem zweiten Alkibiades (des
Platon) in der ganzen Zeit nur etwa die Hälfte durchbrachte, auch
dies ohne sich und die Jungen mit Grammatikalien abzuquälen, gerade wie mans in Stolp noch heute verlangt. Unmöglich, völlig unmöglich! wird man ausrufen. Aber doch wirklich und von einem
durchaus zuverlässigen Zeugen verbürgt. Doch darf Eins dabei
nicht verschwiegen werden: zwischen den zwei Vierteljahren die
der Junge in Secunda zubrachte, trat, durch kriegerische Ereignisse
veranlasst, ein Intermezzo von einem Jahr ein, das er in der Heimath verlebte und, wenn auch durch vielfache Bummeleien abgehal-
ten, doch im Ganzen ziemlich fleissig benutzte. Eine Nachwirkung
dieser Thätigkeit mochte es denn wohl sein dass nach einem zweiten
Intermezzo von drei Vierteljahren, das nach dem ersten halben
Jahre seiner Primanerzeit eintrat, ein Lehrer halb scherzend zu ihm
sagte: er scheine im Felde viel zugelernt zu haben. Sehr einflussreich war für den Jungen auch ein gewisser autodidaktischer Tact,
den seine Mitschüler ihm beneideten ohne jedoch seinen Rathschlä-
gen und Warnungen folgen zu wollen. (Das einfach Vernünftige
findet ja überall nicht leicht Eingang, weder bei Lernenden noch
bei Lehrenden.) So hatte ein guter Freund von ihm sich in den
Kopf gesetzt, er werde es an allen Zipfeln fassen, wenn er den Buttmann aber- und abermals durchstudire. Vergebens waren die Abmahnungen; der Erfolg dem Zeitaufwande nicht angemessen. Dem
Rathgeber schwebte, wie es scheint, ein (nur wenig geändertes)
Wort des Horaz vor: Ordinis haec virtus erit et venus aut ego
fallor, Ut jam nunc discat jam nunc debentia disci, Pleraque differat
et praesens in tempus omittat. Uebrigens verdankte der schwäch-
liche und an Landluft gewöhnte Junge der liberalen Unterrichts-
weise jener Tage vermuthlich seine Erhaltung. Später wurde es
ganz anders. „Die Regel ist, schrieb ich im J. 1846 in den krit.
Briefen S. 56: viele Lehrer geben so auf als hätten die Jungen nur
für ihre oder doch hauptsächlich nur für ihre Stunden zu arbeiten.
Der beste Treiber gilt dabei für den besten Lehrer. Und wie viel
Unnützes wird aufgegeben!!" Wenn dabei Aeusserungen, wie ich
sie schon in jener Zeit vernommen habe gehört werden: „Wir müssen
die Lehrer betrügen," so ist das freilich sehr schlecht aber — be-
greiflich.

10. Grammatischer Stil. Majoritäten.

Auch ich soll gottgegebne Kraft
Nicht ungenützt verlieren
Und will in Kunst und Wissenschaft,
Wie immer, protestiren!   (Güthe.)
Sonne! Heilige Lichter!
Blickt auf mich nieder und stärket meine Brust,
Die ich dem Unrecht stets entgegen setzte.   (Güthe.)

Nicht wenige von unsern Grammatikern scheinen, wie Ihnen,
mein Freund, nicht unbekannt ist, kaum eine Ahnung davon zu

haben dass es für die Grammatik, besonders für eine Schulgrammatik, eines eigenen, des grammatischen Stiles bedürfe. Ein weitschweifiger Pastoralstil ist hier eben so wenig an seiner Stelle als ein gemüthlicher Plauderstil. Es handelt sich ja meist um Sprachgesetze, deren Fassung eine nomothetische Brachylogie und Präcision erfordert, wo möglich die des Dekalogos. Hierüber habe ich mich schon vor dreissig Jahren in meiner Rec. der Kühnerschen Grammatik ausgesprochen Stud. 2 S. 82. Allein die betreffenden Herren sind meist sexus feminini und auch von ihnen gilt das Wort jenes Nachtwächters: „die hören nicht und lassen sich nicht sagen." Vgl. mein Vadem. S. 20 und didakt. Thesen 14—17. Eine sehr bestimmte Erklärung über den Umfang der Regeln bieten die krit. Br. S. 41f: „Was sonst hier etwa noch zu bemerken wäre wollen wir übergehen, um gelegentlich eine grammatische Regel für den Grammatiker zu erwähnen, die H. A. B. nur zu oft nicht befolgt, wenn er überhaupt je an sie gedacht hat. Sie lautet: Alles was eigentlich Regel ist darf den Belauf von drei bis vier Zeilen nicht überschreiten, wenigstens nicht beträchtlich überschreiten. Sie werden mir nicht zumuthen diese Regel zu beweisen. Denn sie ist ja wohl für jeden Praktiker einleuchtend. Eher werden Sie mir den Vorwurf machen dass doch ich selbst sie keinesweges immer befolgt hätte. Indess meine Uebertretungen der Art sind meist mehr scheinbare als wirkliche. Die letzteren aber werden sich immer noch wenn nicht rechtfertigen, so doch entschuldigen lassen. Und wenn ich etwa irgendwo wirklich gefehlt habe, nun so hätt' ich eben gefehlt. Warum soll mir nicht zuweilen verziehen werden was man Andern so oft verzeihen muss? Besser mein Verfahren als meine Regel über die Regeln Preis geben."

Wie sehr Kürze der Fassung die Leichtigkeit der Auffassung und des Behaltens erleichtere, wie sehr Weitschweifigkeit sie erschwere, davon habe ich in meinem Schulleben manche Erfahrung gemacht, auch im Lateinischen, wo die Jungen mich nur zu oft veranlassten ihnen die zu wortreichen Regeln in meinen grammatischen Stil übersetzt zu dictiren, bei dem sie den Sinn leicht auffassen und fest behalten könnten. Wenn jetzt über die Dunkelheit der Fassung in meiner griechischen Sprachlehre von Manchen geklagt wird, wenn Manche wohl gar mich für einen Herakleitos erklären möchten, so würden diese Herren, mein' ich, in grosse Verlegenheit kommen, wenn sie nur zwei bis drei Dutzende wirklich unverständlicher Stellen auftreiben und nebenbei mir wie jede besser auszudrücken wäre angeben sollten. Ein Philolog der ungefähr ein Vierteljahrhundert nach meinem Buche (und schon vor dem Druck desselben nach einem Collegienhefte) unterrichtet hat, ein Mann dem es eine beträchtliche Anzahl von Berichtigungen und Verbesserungen verdankt, hat mir doch nie, so viel ich mich erinnere, im Stil Tadelnswerthes nachgewiesen. Aehnlich ist auch von andern Philologen, zum Theil solchen die das Werk Jahre lang gebraucht haben gerade diese Seite meines Werkes glänzend anerkannt worden. So von Hn. Rector Franke, der mir eine kernhafte Kürze zuschreibt (s. oben S. 9); von Hn. Dir. Röder der, S. 19 die gemessene Kürze und Schärfe der Fassung hervorhebt; von Hn. Dir. Zinzow, der

S. 20 die Kürze in der Fassung der Regeln belobt und an der Curtiusschen Grammatik den Mangel an Präcision in der Fassung der Regeln rügend ihre Unbrauchbarkeit für den Unterricht im Griechischen ausspricht (S. 23). Ja selbst mein zweideutiger Gönner, H. Campe erklärt S. 22: die Curtiussche Grammatik entbehre der streng dogmatischen Form an die man seit Krüger gewöhnt sei.

Beiläufig muss ich mein Bedauern darüber aussprechen dass H. Campe, durch einen Grundirrthum verleitet in seinen Bemerkungen gegen mich so wenig glücklich gewesen ist, da er doch gegen die Curtiussche Grammatik so viel Treffendes und Durchschlagendes vorgebracht hat und nächst den gediegenen Erklärungen der Hn. Röder und Zinzow, wie der Gewissensfrage des erstern, wohl am Meisten dazu beigetragen hat dass bei der Abstimmung über die Frage: „ob es rathsam sei die Grammatik von Curtius einzuführen," ausser dem Hn. Vorsitzenden (mit Vorbehalt) nur die Hn. Stier, Lehmann, Nitzsch und Tauscher dafür stimmten, obwohl für Hn. Curtius lange eine „sehr angenehme Temperatur," wie ich vermuthe, in höhern Regionen erzeugt, in der Versammlung vorzuwalten schien.

Die Herren Röder und Zinzow haben bei Empfehlung meiner Sprachlehre ein Paar Ausdrücke gebraucht die fast eben so treffend und entscheidend sind als die oben S. 18 ff. erwähnte Gewissensfrage, ja noch treffender und entscheidender, wenn man sie ihrem ganzen Inhalte nach ausdeutet. Sie haben dem Werke Ursprünglichkeit und Unmittelbarkeit nachgerühmt. Wie? werden Sie, mein verehrter Freund, überrascht fragen, wie kommen diese Begriffe als Eigenschaften von so grossem Belang bei der Wahl eines Schulbuches zu gelten? Meines Erachtens soll man den Schülern, wenigstens den etwas gereifteren, wo möglich nur Schulbücher in die Hände geben aus denen der Hauch eines selbständigen, kräftigen, frischen, lebendigen Geistes, aus dem eignes Studium, eignes Urtheil, eigne Form sie anspricht; Bücher die naturwüchsig aus der Energie eines productiven Talents hervorgegangen, in geschmackvoller Form, gewählt und lakonisch, treffend und gediegen abgefasst, die Knaben anregen und ihrem Geiste, typisch eingeprägt, Widerwillen einflössen gegen alles Unschöne. Ein solches Buch kann positiv und negativ unberechenbar einwirken ohne dass es den Anschein hat. So lernt der Schüler an dem Werke oft Wichtigeres als aus dem Werke. Verbildend ist dagegen das Geist- und Formlose, das Tact- und Geschmacklose, das Fade und Schlaffe. Eine sorgfältige Auswahl ist besonders beim Erlernen der herrlichen Sprache der Hellenen eine der heiligsten Pflichten.

Fragen wir nun welche Eigenschaften berechtigen die Curtiussche Schulgrammatik zu dem Anspruche auf Schulen eingeführt zu werden. Wie behandelt sie das Material? Ohne eigne Forschung, das Gegebene vielfach verhunzend. Welch' ein Geist ist es der uns aus ihr anspricht? Ein geistloser. Wie ist die Form? Matt, schlaff, kraftlos, unschön. Das ganze Buch ist durch und durch
lotterig, ledern, fade.
Ein solches Werk müsste, selbst wenn der Stoff untadelhaft

behandelt wäre, von den Schulen abgelehnt werden. Eine Bürger-
krone den wackern Männern die redlich das Ihrige gethan haben,
um den Unmündigen die dringenden Gefahren die das völlig miss-
rathene Buch ihnen androht mit seltener Energie abzuwehren; abzuwehren gegen die unerhört rastlosen Einflüsse mächtiger Gönner.*)
Doch wozu alle Einwendungen gegen Hn. Curtius Schulgrammatik, wenn die höchste Instanz, wenn die Masse für sie entschieden hat? Das Buch sei, versichert H. Stier S. 33, an 97 öffent-
lichen Lehranstalten eingeführt u. s. w. Natürlich meint er vox
populi vox dei.

Als ob das Urtheil eines Kenners nicht unendlich gewichtvoller
wäre als die Meinungen sämmtlicher Dilettanten in ganz Oesterreich etc.! Vgl. Ueber Hn. Curtius Formenlehre S. 4 f. Höchst
naiv ist es, wenn für den Curtius der ἱερὸς λόχος der Colberger
Lehrer, wie weiland Napoleons alte Garde, zur Entscheidung ins
Gefecht geführt wird: „in-Colberg sei man von dem Curtius schon
„nach Jahresfrist über alle Massen befriedigt" gewesen und „noch
nach vierjährigem Gebrauch mit ihm allgemein zufrieden." Diese
allgemeine Zufriedenheit kann nur eine Frucht sein von
allgemeiner — Schwäche. (Vgl. oben S. 18 ff.) Denn dass alle
diese Herren sogar nach vierjährigem Gebrauche die argen Fehler
die ich Hn. Curtius nachgewiesen nicht bemerkt und ihm angegeben
haben, ist stark und sollte doch die Behörden anregen wenigstens
einen Lehrer der wirklich Griechisch versteht in jenes
Collegium zu versetzen. Wenn unter den übrigen 96 Schulen,
deren manche den Curtius schon seit 1852 gebrauchen, viele preus-
sische wären die sich so arg oder resp. noch ärger an
dem Werke compromittirt hätten, so müsste eine Reorganisation des griechischen Unterrichts im Preussischen
dringend befürwortet werden. (Vgl. mein Vadem. S. 15).
Eine Reorganisation jedoch mit der Devise: „honos et praemium
nicht für die Protegirten, sondern für die Tüchtigsten."

An Hn. Stiers Anführungen dürfte Manches zu bemängeln
sein. So weiss ich dass in Seehausen die Curtiussche Schulgr.
1867 noch nicht eingeführt war. Einen Antrag der dies erzielen
sollte hatte, wenn ich recht unterrichtet bin, die Behörde abgelehnt.

---

*) Für solche die mich hier des Interesses beschuldigen möchten eine kurze
Belehrung. Wenn ich die bedeutenden Productionskosten, die respectiven Zin-
sen, die sehr erheblichen Betriebskosten, den besonders bei Baarsendungen be-
trächtlichen Rabatt, die nicht geringen Verluste, z B. durch die jetzt auch im
Buchhandel nicht mehr ungewöhnlichen Fallissements etc. veranschlage, so bringt
mir jedes Exemplar der kleinern Sprachlehre etwa fünf Silbergroschen. Nun
aber wird der Bedarf der Schulen, wenn mein Buch einmal bei ihnen eingeführt
ist, grossentheils dadurch gedeckt dass die abgehenden Schüler ihre Exemplare
leicht verkaufen können, weil z. B. die auch nur unerheblich veränderte siebente
Auflage noch dieselben Seitenzahlen hat wie die erste und diese also ziemlich
eben so brauchbar ist wie jene. So habe ich denn noch im Jahre 1864 die
erste in den Händen eines Breslauer Gymnasiasten gefunden. Eine Schule die in
jedem Semester ein halb Dutzend neuer Exemplare gebraucht gehört schon nicht
zu den unbedeutendsten. Hieraus ergiebt sich wie wenig es mir verschlägt ob
meine Sprachlehre ein oder einige Dutzend Anstalten mehr gewinnt.

Wenn die dortigen Hn. Lehrer, denen meine letzte Schrift im August 1867 zukam, trotz derselben die Einführung dennoch betrieben, wohl gar erreicht hätten, so wüsste ich nicht was ich von diesen Herren denken sollte. Wenn Dresden schlechtweg genannt wird, so dürfte dies zu berichtigen sein. Denn mein Absatz dahin ist viel zu bedeutend als dass sich dabei bloss an Privatgebrauch denken liesse. Was würde H. Stier wohl sagen, wenn ich als meine Acquisitionen Petersburg und Warschau schlechtweg nennte, weil meine Sprachlehre dort an einzelnen Anstalten eingeführt ist? Wenn H. Stier ferner äussert dass Hn. Curtius „Oesterreich, die Schweiz, Holland, Italien, Griechenland in weiter Ausdehnung zugefallen seien," so ist es unklar ob das „in weiter Ausdehnung" sich nur auf Griechenland oder auch auf die andern Länder beziehen soll. Meine Sprachlehre ist freilich nur ins Holländische, Schwedische, auszugsweise ins Englische (wenn ich nicht irre schon in mehreren Auflagen erschienen) und ein Theil ins Neugriechische übersetzt. Doch kann ich nicht nachweisen in wie weiter Ausdehnung sie dort gebraucht werde. Beabsichtigten Uebersetzungen in Nordamerika und Italien, auch in Mittelitalien, bin ich nicht willfährig entgegengekommen. Wenn H. Stier auf 97 Anstalten pocht, so bin ich nicht in der Lage zuverlässig nachweisen zu können ob ich mehr oder weniger Anstalten gewonnen habe. Sehr gross aber ist jedenfalls die Zahl der mein Buch gebrauchenden Schulen, was um so mehr ins Gewicht fällt, wenn man erwägt dass die Einführung des Curtius von Seiten der österreichischen Regierung gewiss viel eher Förderung als Widerstand erfahren und wohl auch von ihr im nördlichen Italien begünstigt worden ist, während meine Sprachlehre nirgends eines besonderen Wohlwollens der Waltenden, nirgends einer „angenehmen Temperatur" sich erfreute, dagegen aber gleich nach der Erscheinung meines grössern Werkes sich den ausgezeichnetsten Beifall von Männern wie Gotthold, Lehrs, Fr. Franke, K. Keil, Arndt (in Neubrandenburg) erwarb, ohne jede Veranlassung von meiner Seite; nicht einmal Freiexemplare, nicht einmal Briefe habe ich daran gewandt. Vgl. m. Krit. Briefe S. 50f. Meine Ansicht war: aide-toi et le ciel t'aidera.

„Aber Krügers Sprachlehre hat man ja an manchen Orten abgeschafft, um den Curtius einzuführen." Dazu eine sehr pikante Erfahrung. Gleich nach Erscheinung meines Werkes (1842 und 43) hatte ich ein Exemplar an K. Sintenis in Zerbst geschickt, aber ihn, wie ähnlich alle meine Freunde (vgl. Krit. Br. S. 50), angelegentlichst ersucht nicht etwa aus persönlichem Wohlwollen (er war mein Schüler gewesen und schon nach meinen Dictaten unterrichtet worden) die Einführung meines Buches in Zerbst zu veranlassen. Dennoch wurde es dort eingeführt und eine Reihe von Jahren gebraucht, ohne dass mir je ein Wort der Unzufriedenheit mit dem Werke ausgesprochen wäre. Später lockerte sich mein Verhältniss zu K. Sintenis (ohne mein Verschulden) und es wurde in Zerbst der Curtius eingeführt. Der aber hat mich glänzend gerächt. Im Anfange versuchte es Sintenis längere Zeit nach ihm zu unterrichten, fand aber an dem Buche, wie ich aus zuverlässiger Quelle weiss, so viel zu bemängeln dass er schliesslich nach gar keiner Grammatik unterrichtete. Denn die meinige konnte doch nicht wieder eingeführt werden. Sintenis hatte, wie wohl auch Andere, das Buch eingeführt ohne es genügend zu kennen. In solchen Fällen giebt es denn freilich kein anderes Auskunftsmittel als — das verunglückte Buch zu Grunde liegen zu lassen bis es zu Grunde geht.

Nun noch einige Illustrationen über Directorialmajoritäten. In dem Falle den ich in meinen krit. Br. S. 53 f. erwähnt habe, waren vier Lehrer entschieden für mein Werk. Die Sache machte sich aber so. Der unterste stimmte bereitwillig wie der H. Director wünschte. Allein das reichte nicht aus. Doch

> Verzweifle keiner je dem in der trübsten Nacht
> Der letzten Hoffnung Sterne schwinden! (Wieland.)

Und siehe es machte sich Alles. Denn gerade der Lehrer der meinen Abmahnungen zum Trotz, da er das Werk schon bei der Correctur, an der er sich betheiligte, genau kennen gelernt, die Einführung desselben eingeleitet hatte liess sich umstimmen, eine fides die einer der bravsten seiner Collegen mit einem andern Worte bezeichnete. Jetzt waren drei Stimmen gegen drei und der Director, zu zwei Stimmen (?) berechtigt, gab den Ausschlag. So schafft man Majoritäten: quod erat impetrandum. Nun liess sich füglich sagen, man habe es mit dem Buche auf der Anstalt ein halb Jahr versucht, aber es habe sich nicht bewährt (eine Redensart für Alles) und sei schliesslich mit Majorität verworfen worden. Dieser natürlich sehr ausgesprochene Ruf, der den Gegnern höchst erwünscht kam, konnte nicht anders als äusserst nachtheilig auf den Absatz meines Werkes einwirken. Der Apostat, dem ich diesen Erfolg verdankte, hat sich später nie wieder bei mir sehen lassen.

Es war im J. 1857 (um Ostern) als ein Buchhändler in . .'. . mir schrieb, der designirte Director des dortigen Gymnasiums habe in Uebereinstimmung mit den Lehrern beschlossen meine Sprachlehre einzuführen: ich möge ihm 60 Exemplare des kleineren Werkes übersenden, so wie auch Freiexemplare für bedürftige Schüler und für die Herren Lehrer, für diese auch wo möglich Exemplare meiner grösseren Sprachlehre. So unnatürlich, ja unglaublich es mir nun auch schien dass man dort das Werk eines in der Umgegend Gebornen einführen sollte, ich musste doch auf die Bestellung eingehen. Ich sandte das Verlangte und mehr. Denn gegen meine Heimathstadt durfte ich doch nicht ungrossmüthig sein. Allein nach etwa vier Wochen wurde mir gemeldet: der designirte Director habe geschrieben dass er „unwiderruflich" die Einführung der —rschen Grammatik beschlossen habe. Den Lehrern, welche dieses Buch wahrscheinlich eben so wenig kannten als ich, war dieser Beschluss sehr unangenehm, wie ich aus Briefen erfuhr. Denn mit Einem der Herren, der jetzt bereits verstorben ist und von dem ich noch mehrere mir sehr werthvolle (aus Asien mitgebrachte) Geschenke besitze, stand ich noch längere Zeit in freundschaftlichem Briefwechsel; ein anderer bethätigte mir sein Wohlwollen dadurch dass er eine Plagiat-Ausgabe von Xenophons Anabasis in den Händen seiner Schüler nicht duldete (denn eine solche Duldung hielt er, wie es scheint, für eine litterarische Diebeshehlerei). Ein ehrenwerthes Verfahren von dem mir sonst nicht viele Beispiele vorgekommen sind. Was aber sollten die Lehrer gegen das „Unwiderrufliche" thun? Czar will, der Bien' muss." Wir leben ja in dem wohl disciplinirten Preussen, wo man nicht so eigenwillig sein darf wie in freien Reichsstädten. Später fand der Herr Director sich veranlasst, wie es schien, sich bei mir entschuldigen zu wollen. Womit? hab' ich vergessen. Ich antwortete dass es dessen nicht bedürfe und erbot mich, nachdem die Einführung der —rschen Grammatik thatsächlich entschieden war, von jeder meiner Schriften ein Exemplar der neugegründeten Gymnasialbibliothek zu schenken, erbat aber als Ehrensold die Aufstellung einer Büste Ruhnkens im Bibliothekzimmer. Wie der Herr Director zu seiner Begeisterung für die —rsche Grammatik, deren Abschaffung die Conferenz für wünschenswerth erklärt hat, gekommen sei, habe ich nie zu erforschen mich bemüht. Indess habe ich nie einen Groll gegen den freundlichen Mann gehabt: non mansit alta mente repostum, wie ich noch vor drei Vierteljahren ihm zu beweisen Gelegenheit hatte. Warum sollte ich nicht bei einem heitern Mahle, zu dem er auf seinen Wunsch mich kennen zu lernen mit meiner Zustimmung eingeladen war, fröhlich ein Glas Wein mit ihm trinken? warum mich nicht freundlich und wohlgemuth mit ihm unterhalten? Indess

Spät kam die Strafe, doch sie kam.

Meine geflügelte Zunge, die schon einmal einen Ritter des eisernen Kreuzes, der vor Napoleonischen Geschossen nicht gewankt, völlig ohnmächtig geschwatzt hatte, machte den Herrn Director zwar nicht ohnmächtig, aber völlig mürbe. Doch hat dabei nicht, wie es mir zuweilen wohl begegnen mag, ein böser Dämon mit meiner Zunge gespielt; es ist nicht Gespitztes, nichts Verletzendes vorgekommen. So etwas weiss ich gegen gutmüthige Menschen zu vermeiden. Freilich, wenn unwahrhaftige und perfide Gesellen mich hinterrückisch und heimtückisch angreifen, dann kann ich für nichts stehen: zur Abwehr gezwungen biet' ich ihnen offen die Stirn und bediene mich der Schärfe meiner Zunge oder meines Stahles, nur einer Stahlfeder. Wenn sie da ein wenig geritzt werden, so mögen sie sich trösten mit dem schönen Troste dass sie nicht unschuldig und dass sie für eine gute Sache leiden. Mögen sie dann zufrieden ansrufen: non dolet.

In Anclam wurde, wie früher in Ratibor, die Einführung meiner Sprachlehre wohl durch Hn. Sommerbrodt veranlasst. Allein dieser wurde versetzt. Ein anderer Director, eine andre Temperatur für mein Buch, eine andre Majorität. Menschlich, sehr menschlich. Ich hatte freilich geglaubt dass wer sich einmal an meine Sprachlehre gewöhnt hätte, so leicht sie mit einer andern zu vertauschen nicht geneigt sein würde. S. Krit. Br. S. 55. Aber siehe das ganze Collegium hat sich geneigt, sehr geneigt bewiesen.

In Neustettin ist meine Sprachlehre vor mehreren Jahren eingeführt. Ob ohne Majorität? Und jetzt wird der Curtius dort einstimmig gewünscht, weil dessen Formlehre die Erlernung dem Schüler bedeutend erleichtere, mit ihr auch die Lectüre des Homer früher begonnen werden könne, die Syntax vor der Krügerschen

den Vorzug verdiene.*) O gesegnetes Neustettin! Gebenedeiete
Lehrer, die alle mit einem solchen Werke ihre griechischen Bedürf-
nisse befriedigen können.

> Freude war in Lehmanns Hallen
> Als der hohe Wunsch gefiel.
> Jubellieder hört' man schallen
> In der Saiten goldnes Spiel. (Nach Schiller.)

In Greifswald erfreuten sich meine Schulbücher lebhafter
Anerkennung so lange der wackere Hiecke lebte. Jetzt ist man
dort für den Curtius, der sich für die Formlehre wie für die Syntax
empfehle. Auch das gute Leute, kluge Leute.

> „Deutschland was willst du mehr?" (Herwegh.)

In Stargard wünscht man allseitig die Einführung des Curtius. Die Herren haben etwa zwölf Jahre lang mein Buch gebraucht
und also die Unbrauchbarkeit desselben gründlich kennen gelernt.
Die Aermsten! sich so lange mit dem schlechten Buche herumzu-
quälen! Wie ist es nur gekommen dass H. Tauscher diesen Tausch
nicht früher veranlasste? Hat er selbst sich so lange getäuscht?
Oder ist ihm erst jetzt eine höhere Inspiration geworden? Si tacuis-
ses, philologus mansisses. Aber gerecht ist er doch, der Herr lic.
theol. Er verkennt an meinem Buche nicht „die Präcision der Fassung und die Reinheit der Gräcität;" beides die allerwesentlichsten
Eigenschaften einer Schulgrammatik, die dem Curtius so sehr fehlen
dass schon desshalb kein Kundiger sich für dessen Einführung erklären wird. Denn was soll man z. B. mit einem Buche anfangen

---

*) Eben im Begriff den vorliegenden Bogen des Manuscripts in die Drucke-
rei zu schicken erhalte ich durch einen Freund Kunde von einer Recension, aus
der er mir mehrere hier sehr angebrachte Stellen ausgeschrieben hat, von denen
ich den Neustettiner Herren und Consorten einige, die ihnen zu denken
geben werden, mittheilen will. Zuerst: „Anderer verdienstlicher Forscher
nicht zu · gedenken hat K. W. Krüger ein Lehrgebäude der Syntax
aufgestellt, das bis jetzt noch von keinem anderen übertroffen,
ja nicht einmal annähernd erreicht worden ist." Ferner: „Krüger ist der einzige der die selbstverständlichste aller Vorbedingungen
zur Abfassung einer Grammatik erfüllt hat, die attischen Schriftsteller zum Zwecke derselben vollständig durchzuarbeiten. —
Durch diese eminente Vorarbeit, von der mancher Unberufene, der
geringschätzig über Krügers Sprachlehre spricht, kaum eine Ahnung hat, ist der
weitere Ausbau der attischen Syntax und soweit auch die erneuerte Darstellung
derselben in einer Schulgr. sehr erleichtert worden. Es genügte die Partieen
die von Krüger weniger eingehend berücksichtigt sind durchzuarbeiten. — Dies
würde die Berechtigung gewähren noch neben Krüger in die Schranken zu
treten." — Endlich: „Referent glaubt unverhohlen aussprechen zu müssen nicht
bloss dass die Syntax von Curtius im Vergleich zu den von Krüger
gewonnenen Erfolgen einen Rückschritt bezeichnet, sondern auch
dass sie für den Standpunct eines preussischen und sächsischen
Gymnasiums — über andere steht dem Referenten kein Urtheil zu — nicht
ausreicht." So weit dieser Rec., ein Mann mit dem ich nie in irgend
einem Verhältnisse gestanden habe. Wenn linguistische Wirrköpfigkeit und freche
Protectionsbüberei mein Werk auf alle Weise zu verneinen sucht, so ist mir das
persönlich gleichgültig, schmerzlich aber ist es für jeden Ehrenhaften dass solche
Gesellen durch ihre Wühlereien für den Curtius auf eine unerhörte Weise den
deutschen Namen gebrandmarkt haben.

bei dem man Fehler auf Fehler lernen zu lassen Gefahr läuft?
Doch rücksichtlich meines Werkes klagt H. Tauscher: „Durch
das Streben nach Kürze leide vielfach die Klarheit und Verständ-
lichkeit."*) Wie viel Dutzende von Stellen die wirklich unverständ-
lich wären wird man mir um das Vielfach zu begründen, nachweisen können? Nun aber folgt der Haupteinwand: „meine Formenlehre sei überhaupt dem heutigen wissenschaftlichen Standpunkte
nicht mehr entsprechend." Da kann ich Hn. Tauscher beistimmen. Denn dieser wissenschaftliche Standpunct, wie er sich bei
Hn. Curtius ausgeprägt findet, ist zusammengesetzt aus grober
Unwissenheit, wüster Wirrköpfigkeit, arger Tactlosigkeit, chaotischem
Mischmasch in der beliebten Kraut- und Rübenordnung, lottriger Sti-
listik.**) Wie es Hn. Curtius mit seinem Desorganisirungstalent
gelegentlich ergeht, darüber vgl. man oben S. 12f. Es bedarf nur
eines mässigen Grades von Unparteilichkeit und Einsicht, um bei
der blossen Vergleichung mit meinem Werke vieles Aehnliche zu
entdecken.

> Das Unvernünftige zu verbreiten
> Bemüht man sich zu allen Zeiten
> Es täuschet eine kleine Frist,
> Man sieht doch bald was Schofel ist. (Göthe.)

11. Endergebniss.

> Ich verehre den Menschen der deutlich weiss was er will,
> unablässig vorschreitet, die Mittel zu seinem Zwecke kennt
> und sie zu ergreifen und zu gebrauchen weiss. — Entschie-
> denheit und Folge sind das Verehrungswürdigste am Men-
> schen. (Göthe.)

> Den Teufel halte wer ihn hält,
> Er wird ihn nicht sobald zum zweiten Male fangen.
> . (Göthe.)

Wenn ich die anderweitigen Bemühungen der begeisterten Hn.
Curtianer für ihren Curtius mit Stillschweigen übergehe, so geschieht
das einmal weil ich glaube dass die Herren selbst ihre Incompetenz
sattsam bekundet haben; sodann weil ich überzeugt bin dass eine
unparteiische Entscheidung über die vorliegende Frage auf einem
ganz andern Wege zu suchen sei.

---

*) Meine Erfahrungen über diesen Punct habe ich schon vor dreissig Jahren
in der Rec. des Kühner Stud. 2 S. 82 so formulirt: „Der praktische Schulmann macht bei manchen unsrer Grammatiken gelegentlich die Erfahrung dass
ihn die Schüler, wenn er Regeln aus dem Buche zu lernen aufgiebt, bitten ihnen
dieselbe doch in eine kurze und verständliche Sprache zu übersetzen. Denn un-
verständlich ist für sie alles Weitschweifige, wobei sie, noch wenig geübt im
Denken, vor der Menge der Worte zu dem kurzen Sinne nicht durchdringen
können. Leicht dagegen begreifen die Meisten was scharf und bestimmt ausgedrückt eben darum auch leicht sich dem Gedächtnisse einprägt."
**) Vadem. S. 20: „H. Curtius bietet in buntem Gewühl, verwirrt und
verwirrend, neben dem Gewöhnlichen Seltenes, ja Seltenstes, wustartig durcheinander Aehnliches und Verschiedenes, Attisches und Dialektisches, Poetisches
und Prosaisches, die Regeln und deren Erklärung oder Motivirung, Beispiele und
deren Uebersetzung."

Wenn mir der Auftrag geworden wäre eine solche Conferenz*) zu leiten, so würde ich sie zunächst etwa mit folgender Ansprache eröffnet haben.

„H. V. Vor allen Dingen, meine Herren, erlauben Sie dass ich Sie auf die grosse Wichtigkeit der vorliegenden Berathung dringend aufmerksam mache. Lassen Sie uns zunächst der Pflicht gegen uns selbst, d. h. hier zugleich der Pflicht gegen die Sache, eingedenk sein; lassen Sie uns so urtheilen und entscheiden dass auch nicht der entfernteste Verdacht persönlicher Gunst oder persönlicher Abneigung uns treffen kann. Beloben wir kein Werk, weil wir dem Verfasser wohlwollen; verwerfen wir keins weil wir dem Verfasser abhold sind. Es handelt sich ja nicht um die Schätzung eines Mannes, sondern um die Einführung eines Buches, das je nachdem wir wählen, namenlos nützen oder schaden kann. Sine ira et studio wollen wir daher so verfahren dass Jeder zugestehen muss, wir hätten uns aller subjectiven Einwirkungen aufs Gewissenhafteste entäussert. Treffe uns nimmer Göthe's Wort: „Wem man günstig war der gefiel und man war dem nicht günstig der zu gefallen verdiente.“ Der höchsten Vorsicht wird es für uns um so mehr bedürfen, da über eins der zur Beurtheilung vorliegenden Werke folgende in der That zermalmende Worte ausgesprochen sind.“ Vadem. S. 29: „„Zum Schluss nun noch ein Wort an die Herren Protectoren, die, wahrlich nicht zur Ehre des deutschen Namens, ein solches Stümperwerk unter den schmutzigen Schirm ihrer Flügel zu nehmen sich nicht entblödet haben. Glauben denn unsre Crispine dass es ein löbliches Werk sei redlichen Arbeitern das Leder zu stehlen, um für Arme oder Faulenzer Schuhe daraus zu fertigen? Es lässt sich gar nichts darüber sagen, wenn diese Herren für ihre Privatunwissenheit sich ein solches Buch wie die griechische Grammatik des Herrn G. Curtius anschaffen wollen. Denn Jedem muss es frei stehen sein Geld zu verwenden wie er will, sogar, wenn er es nicht lassen kann, es für ein schlechtes Buch wegzuwerfen. Nicht so harmlos, nicht so unschuldig ist es, wenn man cum ira et studio wohl gar mit Zuziehung gemeiner Intriguen, wie mir schon vor vielen Jahren ein Fall der Art vorgekommen ist, die Erhaltung oder Einführung eines schlechten Buches durchsetzt. In einem solchen Falle sind die Schuldigen für den Verlust alles Guten was durch den Gebrauch eines besseren Buches erzielt werden konnte jedem Einzelnen der Betheiligten verantwortlich, nicht bloss den Schülern, sondern auch den Lehrern, für deren Fortbildung der Gebrauch eines guten Buches oft von sehr erheblicher Bedeutung ist. Von wie grosser Wichtigkeit es für die Schüler sei dass sie ein durchgängig auf gründlicher Forschung ruhendes und zuverlässiges, ein wohlgeordnetes, leicht übersichtliches und leicht fassliches Werk

---

*) Was ich von solchen Conferenzen halte und auf welche Weise nach meiner Ansicht Sachen dieser Art behandelt werden müssten habe ich in meinen krit. Briefen S. 55 ff. ausgesprochen. Garantie bietet nur die eventuelle Verpflichtung öffentlicher Vertretung. Nur durch Oeffentlichkeit vermeidet man Gefahren.

in Händen haben; ein Werk in dem das zu Sondernde geschieden
und das zusammen Gehörige nicht aus einander gerissen ist; ein
Werk in dem die Regeln kurz und präcis gefasst sind, ein glatter
und gewählter Stil, der auch formbildend einwirkt, geboten wird;
ein Werk das eine Fülle auserlesener Beispiele liefert die für die
mannigfaltigsten Verhältnisse des Lebens Lehre und Ermahnung
spenden: wie wichtig dies Alles sei kann nur masslose Ignoranz
oder rücksichtslose Protection verkennen, für die nichts von Belang
ist als kleinliche Interessen und die unbedenklich Undenkbares wagt.
Quae est in hominibus tanta perversitas ut inventis frugibus glande
vescantur? (Cic. or. 9.) Doch chacun à son goût. Nur soll man
Andern einen bestialischen Geschmack nicht octroyiren wollen, weil
Eicheln einer Art von Hochwild behagen. Wie wenig man das aber
auch zu hindern hoffen darf, denn die Protection hat keine
Scham, dennoch ist es Pflicht jedes Befähigten laut und energisch
Einspruch dagegen einzulegen. Oder wäre ich nur desshalb nicht
berechtigt meine Stimme, jedenfalls die eines Einsichtigen und Gewissenhaften, für die Wehrlosen zu erheben, weil das öffentliche
Interesse zufällig mit dem meinigen übereinstimmt? Solche Ein-
reden sind es wodurch Protection und Reaction die Wehrhaftesten
vom Kampfplatze zu entfernen suchen; aber wie Viele sind es die
solchen Vorspiegelungen noch Gehör geben? Recht bleibt Recht,
von wem es auch vertreten werde; für die beste Vertretung
aber gelte immer die wahrste und nachdrücklichste; die
höfliche, schleichende verhallt wirkungslos.""
„Um uns nun vor subjectiven Einflüssen, die bei Vielen in
Folge verzeihlicher Selbsttäuschung einwirken können, nach Gebühr
zu wahren, wollen wir bei der Prüfung der griechischen Schulgrammatiken ein möglichst objectives Verfahren einschlagen. Die
Hauptaufgabe, mein' ich, wird die sein dass wir uns über die un-
erlässlichen Cardinaltugenden solcher Werke einigen und dann
dasjenige wählen welches sich in allen oder in den meisten vor
den übrigen auszeichnet. Ueber nebensächliche Eigenschaften wie
über Einzelheiten die Diesem oder Jenem wünschenswerth oder ver-
werflich scheinen dürften, werden wir dann schon glimpflich hin-
wegsehen können."
Da inzwischen der H. Vorsitzende diesen ein zuverlässiges
Ergebniss in Aussicht stellenden Weg nicht gewählt hat, so
sei es mir erlaubt ihn auf eigne Hand einzuschlagen, um nach den
acht Cardinaltugenden die ich in den krit. Br. S. 49 aufgestellt
habe eine Entscheidung zu ermitteln. Ich muss hier schon selbst
eintreten, da ich keinen Apostel habe dem ich meine Rolle übertragen könnte.

1. Historische Feststellung des Sprachgebrauches.

Wie kläglich es in dieser Beziehung mit Hn. Curtius bestellt
sei habe ich oben S. 10 ff. gezeigt.*) Seine attische Formenlehre

---

*) Von Hn. Curtius gilt in ungleich höherem Grade als von Hn. Kühner
das was ich von dessen Grammatik in m. Rec. Stud. 2 S. 45 gesagt habe:
„Diese Proben, die man leicht mit vielen andern vermehren könnte, werden hin-

bietet die grössten Gebrechen, die schülerhaftesten Fehler dar. (Man
s. z. B. Ueber Hn. C. Formenlehre S. 16ff.) Die homerische ist
oben besprochen (Eb. S. 14f. und oben S. 10f.) Seine Syntax,
ein schwaches Plagiat eines Anfängers, ist so fehlervoll und mangel-
haft dass nur grammatische Stümper dies Stümperwerk beloben können. (S. oben S. 12f. vgl. Vadem. S. 14f. 23ff.) Da nun aber die
Reinheit des Materials das allerunerlässlichste Erforderniss für eine
Schulgrammatik ist, so muss schon aus diesem Grunde allein die voll-
ständige Unbrauchbarkeit des Curtius für Schulen unbedingt anerkannt werden. Denn wie darf man den Lehrern, die meist
noch keine eigenen Studien gemacht haben, ein Werk in die Hände
geben mit dem sie bei jedem Schritte Gefahr laufen etwas Falsches
lernen zu lassen? Vgl. oben S. 20f. Anm.

Weniger schlecht ist rücksichtlich der Reinheit der neueste
Buttmann. Nicht gar oft werden sich so arge Missgriffe finden
wie § 69, 2: „Auch zieht man περαίτερος (gew. Adv. περαιτέρω)
besser zum Pos. πέρα, πέραν jenseits." Hält denn H. A. Buttmann
beide Wörter für gleich? Warum liess er sich nicht von dem
Vater ·Ausführl. gr. Sprachl. § 115, b. A. 6 warnen? Ihn verbessern zu wollen hätte er überall sich sehr vorsehen müssen. In
der Formlehre würde er wohl gethan haben, wenn er die meinige
Schritt für Schritt verglichen hätte; eben so das Buch von Veitch.
Dass er dies nicht gethan hat muss nun sein Werk entgelten. Bei
der Syntax musste er die eigens für dasselbe geschriebene Partie
meiner kritischen Briefe S. 18—45 sorgfältig benutzen, überzeugt
dass ich jede Zeile sehr wohl erwogen hätte. Ich dächte, er hätte
so ziemlich Alles vortheilhaft ausbeuten können. Vgl. oben S. 4 Anm.
Dass er dies nur theilweise gethan hat zeugt nicht eben günstig
für seine grammatische Intelligenz und hat dem Buche wesentlich
geschadet. Schon auf die betreffenden Stellen gestützt darf man
unbedenklich behaupten dass die historische Feststellung des Sprachgebrauches bei Hn. Buttmann keineswegs eine glänzende Partie sei
und dass man in dieser Hinsicht sehr Anstand nehmen
muss es für den Schulgebrauch zu empfehlen.

Dass Krügers Sprachlehre, nachdem sie ohne Protection, ja
den einflussreichen Protectoren Anderer zum Trotz eilf Auflagen er-
lebt hat (vier die grössere, sieben die kleinere Ausgabe) das Material viel gesäuberter und reiner als seine Concurrenten liefert, darüber scheint kein Streit zu sein. S. oben S. 9 u. 20f. Sie dürfte
also die einzige sein die man in dieser, der allein schon

---

reichen um zu zeigen dass wir in Hn. Kühner der Verheissung wissenschaftlicher Behandlung zum Trotz — keineswegs einen Mann erkennen der sich des
Materials durch umfassende eigne Forschung zu bemächtigen gesucht; dass er
sich vielmehr grossentheils begnügt hat das von einem gründlicheren Vorgänger
Gegebene auf Treu und Glauben zu entlehnen; wobei er denn, wie es beim Aus-
schreiben zu geschehen pflegt, Ungenauigkeiten und Unrichtigkeiten mancherlei
Art eingetragen hat." Vgl. S. 87: „Die Ausdrücke wissenschaftlich und Prin-
cipien sind in unsern Tagen bereits etwas anrüchig geworden, seit man bemerkt
hat dass gerade die grössten Wirr- und Flachköpfe sich ihrer am Meisten be-
dienen."

entscheidenden Hauptrücksicht für den Schulgebrauch
unbedenklich empfehlen kann.

2. Sonderung des Poetischen und Prosaischen, des Attischen und Dialektischen.

Bedarf es denn aber einer solchen Sonderung? Wollen wir
nicht lieber auf Hn. Campes und Anderer historische Schulgrammatik eingehen? Diese Grille, dächt' ich, überliessen wir ge-
trost ihren Urhebern, denen sich auch H. A. Buttmann in der
Vorrede zur 17. Auflage seiner Sprachlehre beigesellt. Wie dringend
eine Scheidung des Poetischen und Prosaischen nöthig sei hat schon
Antonius bei Cic. de or. 2, 14 angedeutet: „Poetas omnino, quasi
alia quadam lingua locutos, non conor attingere. Cum his me, ut
dixi, oblecto qui res gestas aut orationes scripserunt suas aut qui ita
loquuntur, ut videantur voluisse esse nobis, qui non sumus eruditissimi,
familiares. Beides, Poetisches und Prosaisches, vermischen heisst
eine heillose Verwirrung anrichten. Man muss also Beides scheiden,
wie eben so auch das Attische und das Dialektische. Es giebt in jeder
Sprache ein Normales und Mustergültiges, wie z. B. im Lateinischen die
Sprache des Ciceronischen Zeitalters. S. oben S. 25 ff. Weit mehr
noch ist dies im Griechischen die attische Prosa, während die attische Poesie viel Nichtattisches aufgenommen hat. Das haben auch
die alten und die neueren Grammatiker vielfach anerkannt. Und
so hat denn auch H. R. Kühner „wenigstens in der Formenlehre
nach Hintansetzung des historischen Weges nicht die Homerische,
sondern die attische und gemeine Sprache zu Grunde gelegt." Darüber hab' ich ihm schon vor dreissig Jahren meinen Beifall ausgesprochen (Stud. 2 S. 32) und nur bedauert dass er nicht auch in
der Syntax die attische Prosa vorzugsweise herausgestellt hat." Vgl.
mein Vadem. S. 18 ff. und Ueber Hn. C. Formenlehre S. 12. Von
dieser Ansicht hat wohl auch Hn. Curtius etwas vorgeschwebt.
Aber seine Sprachkenntniss war dazu keineswegs ausreichend und
dass er den ·poetischen und dialektischen Theil meiner Sprachlehre
gar nicht kannte war ein Hauptgrund wesshalb er hier so Ungenü-
gendes geleistet hat. Daraus ergiebt sich dass man auch in Beziehung auf diesen Punct den Curtius zum Schulgebrauch
durchaus nicht empfehlen kann.

H. A. Buttmann hat wohl in Bezug auf die vorliegende Sonderung keine durchgreifenden Studien gemacht und da er hiefür
auch weder meine Sprachlehre noch die kritischen Briefe erheblich benutzt hat, so sind seine Leistungen auf diesem Felde
keineswegs ausreichend. Man wird also auch in Beziehung auf
die zweite grammatische Cardinaltugend Herrn Buttmanns
Werk den Schulen nicht empfehlen können.

Krüger hat seit etwa funfzig Jahren auf diese Unterschiede
geachtet und dass er überhaupt für Beobachtung Sinn habe schon
in seiner Studentenarbeit (Dionys. u. s. w.) durch manche Proben
bewiesen. Es ist also eben nicht denkbar dass er in dieser Sache
nicht genügend unterrichtet sein sollte, zumal da er das Poetische
und Dialektische in einem besondern Bande behandelt hat. Denn
zu einer Trennung nöthigte ihn die ermittelte Masse des Stoffes.

H. Zinzow rühmt (oben S. 21) an Krüger: „Keine Grammatik unterscheide so genau und durchgehend die attische classische Gräcität von der abgesonderten poetischen und dem spätern Gebrauche." Es wird also schwerlich zu bezweifeln sein dass Krügers Werk in dieser Hinsicht mehr als irgend ein anderes den Schulen zu empfehlen sei.

3. Unterscheidung des Seltenen und Gewöhnlichen.

Um hierin genügen zu können muss man von den Spracherscheinungen ein sehr lebhaftes Bild in der Seele haben, eine zuverlässige Erinnerungskraft für das mehr oder weniger häufig Gelesene. Darauf sind Hn. Curtius Studien nie angelegt gewesen und er kann also hierin um so weniger befriedigen, da er eine der wichtigsten Geschicklichkeiten des Philologen, zu rechter Zeit und am rechten Orte nachzuschlagen nicht besitzt. Sein Werk ist daher in Bezug auf diesen Punct den Schulen sehr wenig zu empfehlen.

Dasselbe gilt, wenn auch in etwas geringerem Grade von Hn. Buttmann, dessen Werk in dieser Hinsicht den Schulen keineswegs besonders zu empfehlen ist.

Krüger hat hier den Vorzug eines funfzigjährigen Studiums und der Geschicklichkeit in solchen Sachen, wo das Gedächtniss nicht ausreicht, sich aus guten Quellen und Hülfsmitteln zu unterrichten, wozu sich die erforderlichen Werke anzuschaffen H. Buttmann und besonders H. Curtius zu sparsam gewesen sind. Also auch in dieser Hinsicht lässt sich Krüger den Schulen mit gutem Gewissen empfehlen.

4. Zweckmässige Vollständigkeit an grammatischen Thatsachen.

In Bezug auf diesen Punct ist H. Curtius sehr unbefriedigend (S. Vad. S. 23), besonders in Bezug auf die Syntax, aber auch in der Formlehre, wie z. B. in dem Abschnitt über die Adjective. S. m. Schrift Ueber Hn. C. Formenlehre S. 18.

Buttmann könnte in diesem einzelnen Puncte genügen, aber mehr in Bezug auf Vollständigkeit als hinsichtlich der zweckmässigen Vollständigkeit. Er würde in dieser Rücksicht nur den Schulen zu empfehlen sein, wenn nicht seine Uebervollständigkeit und sein Mangel an Kritik ihn für die Schulen weniger brauchbar machten.

An Krüger rühmt H. Röder (oben S. 20f.) „die zweckmässige Vollständigkeit zuverlässiger grammatischer Thatsachen; H. Zinzow sagt: „keine andre Grammatik gebe eine solche relative Vollständigkeit für den Sprachgebrauch" und dass dies ziemlich richtig sei habe ich oben S. 38 nachgewiesen. Möge nun Jeder entscheiden ob in dieser Beziehung Buttmann oder Krüger den Schulen mehr zu empfehlen sei.

5. Ausscheidung des für den Schulgebrauch Ungehörigen, wohl gar Verwirrenden.

Hierin zu genügen hat H. Curtius weder die erforderlichen

Kenntnisse noch die nöthige praktische Erfahrung gehabt. Sein Buch ist in dieser Beziehung den Schulen offenbar nicht zu empfehlen.

Schlimmer steht es noch mit Buttmann, der gar zu viel aufgespeichert hat, wie denn auch z. B. die Syntax bei ihm 200 Seiten enthält, während die vierzehnte (von Lachmann und mir bearbeitete) Ausgabe sich auf 115 Seiten beschränkt. Wie Vieles hätte er der Brauchbarkeit des Buches unbeschadet weglassen können! Doch würde der Umfang schon zu ertragen sein, wenn nur nicht so viel wenig Stichhaltiges eingeflossen wäre. Aus diesem Grunde wird das Buch auch hier den Schulen nicht zu empfehlen sein.

An Krüger rühmt H. Röder die Ausscheidung des für den Schulbedarf Ungehörigen oder wohl gar Verwirrenden und die Schulen werden also wohl Grund haben dieses Werk vorzuziehen.

6. Naturgemässe Anordnung mit bezüglicher Hervorhebung des Wichtigern und Ueblichern vor dem Unwichtigen und Seltenen.

Ueber die Anordnung ist schon oben S. 12 f. gesprochen. H. Curtius ist darin, so weit er nicht mir gefolgt ist, mehrentheils sehr unglücklich. Namentlich ist in der Formenlehre seine Anordnung oft sehr verwirrt und verwirrend, fast chaotisch. Die Schulen an denen nach solchem Wirrwarr gelehrt und gelernt wird, sind gewiss nicht zu beneiden. Vgl. Vad. S. 20.

Hn. Buttmanns Anordnung ist eine mehrfach bedauerliche, z. T. desshalb weil er seine zahlreichen Zuthaten in die Arbeit des Vaters einflicken musste. Wie wenig glücklich er in dieser Beziehung sei, habe ich an dem Artikel Genitiv in meinen kritischen Briefen S. 32 ff. zu zeigen hinreichende Anlässe gefunden. Die Anordnung im Buttmann ist also kein Punct der ihn dem Schulgebrauche besonders empfehlen könnte.

Krüger hat sowohl in der Formenlehre als in der Syntax eine streng systematische Anordnung befolgt,*) von der abzuweichen nicht selten zur Verschlechterung führen muss. Sein „System" hat daher auch den Beifall von Männern gefunden, deren Urtheil von ganz anderem Gewicht ist als das der Herren Schütz und Consorten. S. oben S. 33. 37. Schwerlich irren werden sich daher Schulen die den Krüger auch der Anordnung wegen vorziehen, zumal da er durch die oben S. 27 angegebenen Beziehungen das Wichtigere und Ueblichere vor dem Unwichtigen und Seltenen hervorgehoben hat.

7. Schärfe und Bestimmtheit der Fassung.

Dass H. Curtius auf diese Eigenschaften keinen Anspruch machen könne, ist unzweifelhaft. Dass es für die Grammatik eines grammatischen Stils bedürfe, ist eine Sache die er, wenn sie ihm überhaupt eingefallen ist, gewiss nie reiflich erwogen hat. Bezeichnend ist es dass Curtius von mehreren Anstalten unter Anderm auch desshalb abgelehnt ist „weil er der dogmatischen Form, an die man seit Krüger gewöhnt sei, entbehre."

Der Buttmann hat so weit er vom Vater herrührt einen ganz behaglichen Conversationsstil; in dem was der Sohn gegeben hat ist es mir noch nicht gelungen irgend einen stilistischen Charakter zu erkennen; dass ich gewiss nie

---

*) Rec. des Kühner in den Studien 2 S. 88: „Die Syntax hat H. Kühner durchgängig als Satzlehre construiren wollen; dabei hat aber ein anderes Princip, welches ich das formale nennen würde, seine wohlbegründeten Ansprüche so gebieterisch und unabweislich geltend gemacht, dass der Verfasser auch ihm theilweise die gebührende Anerkennung nicht versagen konnte. Eine nothwendige Folge davon ist es dass nun Alles höchst buntscheckig durch einander läuft."

einen grammatischen Stil darin entdecken werde ist mir unzweifelhaft. Daher wird auch der Fassung wegen der Buttmann für den Schulgebrauch sich nicht eignen*).

An Krüger wird Präcision und nomothetische Brachylogie von mehreren Seiten glänzend anerkannt, so sehr dass man erklärt: die von ihm Verwöhnten könnten sich mit einer lottrigen Fassung nicht befreunden. „Die Kürze gewährt einen bedeutenden Zeitgewinn bei der Wiederholung und Anwendung der Regeln. Denn wie viel wird allein dadurch eingebracht, wenn eine Regel die man in vollen Classen vielleicht einige Dutzend Male muss hersagen lassen, statt zwei oder drei Zeilen einzunehmen in einer abgethan ist? der Vortheile die eine schärfere Fassung der Regeln für leichtere Auffassung und Anwendung gewährt gar nicht zu gedenken." (Rec. des Kühner in den St. S. 90), Vgl. oben S. 43. Durch Weitschweifigkeit wird auch der Klarheit Eintrag gethan. Stud. eb. S. 88. Was man gegen Krügers Kürze eingewandt hat ist entweder nichtig oder nöthigen Falles bei neuen Auflagen leicht zu beseitigen. Es wird also in dieser Beziehung der Krüger den Schulen vorzugsweise zu empfehlen sein.

8. Auswahl zweckmässiger und ausreichender Beispiele.

Was für Forderungen in dieser Hinsicht zu stellen seien habe ich mehrfach ausgesprochen, in der Rec. des Kühner Stud. 2 S. 72, Vad. S. 22, Didakt. Thesen 8 und 21—24. Wie wenig H. Curtius in dieser Beziehung auch den mässigsten Anforderungen genügt habe ich Vadem. 22 f. 29 und oben S. 13 f. dargethan. In dieser Beziehung ist also der Curtius für die Schule höchst ungenügend.

Auch der Buttmann kann den gestellten Anforderungen keineswegs genügen und auch er kann in dieser Hinsicht den Schulen nicht vorzugsweise empfohlen werden.

An Krüger rühmt H. Röder „die Auswahl passender, lebhafter aus eigener Lectüre geschöpfter Beispiele;" H. Zinzow lobt „ganz besonders die meist sehr ansprechende Auswahl in den Beispielen.**)" Eine thatsächliche, wenn

---

*) Auch er hat öfter als billig einen die Regeln anschwellenden Fehler verschuldet vor dem ich schon in der Rec. der Kühnerschen Grammatik Stud. 2 S. 83 gewarnt habe: „Was man zur Erläuterung oder nähern Bestimmung noch hinzufügen will muss als Erklärung folgen; es in die Regel einzuflicken ist ein Fehler gegen die Methode, den H. Kühner als praktischer Schulmann nicht so oft hätte verschulden sollen." Vgl. mein Vadem. S. 20 f. Anm.

**) S. oben S. 20 f. Treffend sagt H. Schulrath W. Schrader in seiner Unterrichtslehre S. 272: „Der sprachlich grammatische Unterricht gewinnt Leben durch passende Mustersätze welche so weit als möglich zugleich einen wissenswerthen Inhalt bieten. Letzteres hat z. B. K. W. Krüger in seiner griechischen Sprachlehre mit richtigem Blick und vortrefflicher Auswahl durchgeführt." Die Grundsätze nach denen sie zu wählen sind habe ich schon in der Rec. der Kühnerschen Sprachlehre Stud. 2 S. 72 ausgesprochen: „H. Kühner ist auf die Wahl guter Beispiele keineswegs so bedacht gewesen, wie man es von dem Verfasser einer Schulgrammatik erwarten sollte. Gern würde man überall Sätze sehen die abgeschlossene Gedanken, Sentenzen, Lebensregeln u. dgl. enthielten, am liebsten in Versen, so weit dies mit der Rücksicht auf den mustergültigen Stil der Prosa sich vereinbaren liesse. Von solchen Sätzen kann der Lehrer manche auswendig lernen lassen, damit der Schüler in und an ihnen sich die Regel einpräge und wenn sie ihm etwa entfallen ist, gleich den Stoff im Gedächtnisse habe aus dem er selbst sie sich wieder abstrahiren kann, gelegentlich, z. B. bei der Lectüre, auf Anregung und unter Leitung des Lehrers, der zugleich, wenn anders er es versteht, auch bei dem sprachlichen Unterricht auf Veredlung des Charakters und der Gesinnung hinzuarbeiten, in einer vernünftig gewählten Beispielsammlung das herrlichste Material haben würde, um Kopf

auch nicht erwünschte Anerkennung war es dass schon im J. 1844 H. Rost mit einer Unverschämtheit die ihres Gleichen sucht, wie vieles Andre, so auch eine ungeheure Masse meiner Beispiele in seine Schulgrammatik einpasschte. Vgl. mein Nachwort zur zweiten Auflage meiner dial. Formlehre. (Die dort Hn. Rost gemachten Vorwürfe, hat er nicht beantwortet.) Die Krügersche Sprachlehre wird also auch in Bezug auf diesen Punct für den Schulgebrauch vor allen andern unbedingt zu empfehlen sein.

Nach dieser Darlegung können wir die Frage: was haben die begeisterten Herren Curtianer erreichen wollen? sehr kurz und bündig beantworten: Unbekümmert um die Ansicht dass in solchen Dingen unberechtigte Helfershelfer als Mitschuldige gelten dürften; unbesorgt um das Gute was durch den Gebrauch eines bessern Werkes erzielt werden könnte (s. Vad. S. 29), keiner Verantwortlichkeit gegen Lehrer und Schüler eingedenk haben sie nichts Geringeres gewollt als dass durch eine Schulgrammatik die, ein augenscheinliches Pfuscherwerk, wohl der Protection aber nimmer der Schule genügen kann, die von allen Cardinaltugenden eines solchen Buches keine einzige auch nur im mässigen Grade besitzt und die unfehlbar auf das Studium der griechischen Sprache eine höchst verderbliche Einwirkung üben würde, eine andre aus den Schulen verdrängt werden solle und müsse — die alle Cardinaltugenden in nicht geringem, ja die meisten in sehr hohem Grade besitzt, um zu Gunsten des Hn. Curtius den wohlverdienten Ertrag einer Lebensarbeit dem Verfasser zu entziehen, der hauptsächlich zu diesem Zwecke sein Amt wie den grössten Theil seines Einkommens aufgeopfert und lange meist von seinem mehr und mehr geschwundenen Vermögen*) gelebt, der seine Zeit, seine Kräfte, seine Gesundheit für sein Werk hingegeben, ja selbst sein Leben aufs Spiel gesetzt hat (S. 34). Und wem zum Vortheil will die vielköpfige Hydra der Protection dies Alles? Nun wir wollen ihn schildern der da ernten soll wo er nicht gesäet hat.

und Herz seiner Schüler zu befruchten, überall der Gemeinheit des gewöhnlichen Treibens die erhabenen Lehren des Alterthums entgegenstellend. So könnte der Unterricht im Griechischen beiläufig auch in griechischer Weise bilden. Denn dass die Griechen dies Bildungsmittel angelegentlich benutzten lehrt Aeschines 3, 135: διὰ τοῦτο οἶμαι ἡμᾶς παῖδας ὄντας τὰς τῶν ποιητῶν γνώμας ἐκμανθάνειν, ἵν' ἄνδρες ὄντες αἰταῖς χρώμεθα. Zu einer für diesen Zweck brauchbaren Sammlung liegt sehr reicher, wenn gleich nicht für alle Fälle zureichender Stoff vor, an dessen Benutzung jedoch H. Kühner kaum gedacht zu haben scheint." Vgl. mein Nachwort zum ersten Bd. der ersten Auflage der Sprachlehre für Schulen S. 333: „Wo die Beispiele gehäuft scheinen, wird der Kundige bald entdecken dass der Verf. die verschiedenen Phasen der Regel durchgeht, zuweilen Ungegründetes widerlegt, wie denn überall eine stillschweigende Polemik hervortritt. Eine mit Liebe verfolgte Nebenrücksicht war die einen hellenischen Lebenskatechismus zusammenzustellen. Keinen Anstoss erregen werden dabei einzelne Stellen über das weibliche Geschlecht, da Jeder weiss in welchem Grade dasselbe, wenn auch an Evas Schuld besonders betheiligt, jetzt durch das Christenthum entsündigt und daher auch vorzugsweise fromm, alle die Tugenden besitzt welche die ungalanten Heiden ihren Frauen abzusprechen sich erdreisteten."

*) Ich kannte die damaligen Verhältnisse und die betreffenden Persönlichkeiten zu wohl, um nicht berechnen zu können dass man meinem Buche freie Concurrenz nicht gewähren würde. Vgl. mein Vad. S. 16f. Anm. An einen Ersatz für meine Opfer war also nicht zu denken.

12. Resumé. Preisaufgabe. Epilog.

Dem Verdienste seine Kronen. (Schiller.)

Von der übrigen deutschen Literatur habe ich rein Ab-
schied genommen. Fast bei allen Urtheilen waltet
nur der gute oder böse Wille gegen die Person
und die Fratze des Parteigeistes ist mir mehr zuwider als
irgend eine andre Caricatur.
(Güthe an Schiller 3 S. 110.)

So bitter als möglich gegen den Cabalenmacher.
(Lessing.)

Wenn man die masslosen Belobungen mit denen H. Curtius und seine
Schulgrammatik von vielen Seiten überschüttet worden sind, vernommen hat, so
sollte man glauben, beide müssten Erscheinungen sein wie sie noch „nie dage-
wesen.“ Um die Gewissenhaftigkeit solcher Verherrlichungen gründlich kennen
zu lernen, wollen wir sie nicht in Bausch und Bogen — über Bord werfen, wir
wollen sie in Beziehung auf die einzelnen hier in Betracht kommenden Vorzüge
die H. Curtius haben könnte und sollte, der Reihe nach die Musterung
passiren lassen. Den eben so frechen als ungegründeten Lobhudeleien der
Cliquenritter und Interessenbrüder muss es erlaubt sein mit derben und schonungs-
losen Wahrheiten entgegen zu treten*), damit man nicht, wie es in dieser Sache
schon vorgekommen ist, glimpflich gerügte Schwächen in unzweifelhafte Verdienst
umlüge. Es gilt die Entscheidung ob Wahrheit oder Intriguenkritik über diese
Sache in Deutschland obsiegen soll.

Fragen wir nun, mein einsichtsvoller Freund, vor allen Dingen: ist H. Curtius ein grammatischer Kopf, ein entschieden grammatisches Talent? so
denk' ich, werden Sie mir beistimmen, wenn ich antworte: nein und abermals nein! Denn es fehlt ihm dazu, dächt' ich, nicht mehr als — Alles.
Oder glauben Sie dass er sich durch bemerkbaren Scharfsinn ausgezeichnet habe?
Ich wüsste nicht womit er ihn bethätigt hätte. Oder darf man ihm ein feines,
tactvolles, durch Uebung geschärftes Sprachgefühl nachrühmen?
Ich habe nirgends eine Spur davon bemerkt, wohl aber auffallende Proben vom
Gegentheil. Oder hat er irgendwo eine glückliche Beobachtungsgabe ge-
zeigt? irgendwo über den Sprachgebrauch neue Entdeckungen gemacht? Das
wird hoffentlich Niemand ihm nachsagen. Oder kann ihm Jemand kritische
Schärfe und Akribie nachweisen? Auch danach, mein' ich, wird man ver-

---

*) Vor mehreren Jahren soll ein schriftstellerisches Individuum, gegen das
ich meine Ansichten energisch, aber sehr gemässigt vertreten hatte, erklärt haben
dass es sich nicht zu vertheidigen brauche, weil meine Angriffe pöbelhaft seien.
Diese Beschuldigung ist viel schlimmer als pöbelhaft, sie ist unwahr, und zugleich eine Beleidigung gegen die Leser, die der Mann für einfältig genug hält,
um einer solchen Ausflucht Gehör zu geben. Vernünftige Menschen denken über
solche Sachen wie Lessing:
„Jeder Tadel, jeder Spott, den der Kunstrichter mit dem kritisirten Buche
in der Hand gut machen kann, ist dem Kunstrichter erlaubt. Auch kann
ihm Niemand vorschreiben, wie sanft oder wie hart, wie lieblich oder wie
bitter er den Ausdruck eines solchen Tadels oder Spottes wählen soll.
Er muss wissen, welche Wirkung er damit hervorbringen will, und es ist
nothwendig dass er seine Worte nach dieser Wirkung abwägt.“
Eben so lächerlich ist es den Verfasser einer strengen Kritik für bösartig
zu halten. „Zum Besten der Mehreren, sagt Lessing, freimüthig zu sein ist
Pflicht; sogar es mit Gefahr sein darüber für ungesittet und bösartig gehalten
zu werden ist Pflicht.“ Verlogenheit und gemeine Gaunereien halten freilich
Viele nicht für ungesittet, nicht für pöbelhaft, wenn man dabei nur hübsch höf-
lich ist. Wie Lessing und Andere über die Höflichkeit sich ausgesprochen
habe ich in meinen Analekten 1 S. 96f. nachgewiesen.

gebens suchen. Oder ragt er etwa hervor in der Gabe zu distinguiren und zu organisiren? Wer sie ihm zuspricht weiss nicht was er sagt. Oder hat er das Talent präciser Fassung? Wie unzulänglich er in dieser Hinsicht sei ist von Urtheilsfähigen genügend anerkannt. Oder zeichnet er sich etwa aus durch wohl berechnete Kürze? Vom grammatischen Stil, von nomothetischer Brachylogie wird man in seinem Buche wenige Spuren finden ausser etwa in dem was er von Andern entlehnt hat.

Die mit solchen Talenten wenig oder gar nicht Ausgestatteten pflegen im Gefühl ihrer Unzulänglichkeit es für ihre Pflicht zu halten durch Fleiss und Sorgfalt dafür Ersatz zu geben. Hat H. Curtius diese Pflicht anerkannt? So wenig dass er auch den mässigsten Ansprüchen nicht genügt hat. Die Aufgabe für sein Werk die griechischen Schriftsteller systematisch durchzulesen hat er zum Theil selbst von der Hand gewiesen,[1]) zum Theil thatsächlich aufgegeben.[2]) Mit den Arbeiten der renommirtesten Philologen sich bekannt zu machen[3]) hat er so wenig über sich gewonnen dass er selbst die bedeutendsten Grammatiken und andre nahe liegende Hülfsmittel nach Gebühr zu benutzen nicht verstanden hat.[4]) Zur Unzeit sparsam hat er sich die nothwendigsten Werke nicht angeschafft,[5]) geschweige denn ausgebeutet. Seine Unbekanntschaft in der betreffenden Literatur übersteigt alle Begriffe. Ein unwissender und durchaus ungeschickter Compilator zeigt er sich eben so unglücklich in der Auswahl wie unzuverlässig und ungenau in der Benutzung des Entlehnten,[6]) lehren wollend ohne gründlich gelernt, ohne sich in die Sprache eingelebt zu haben; weder kritisch noch exegetisch tüchtig geschult,[7]) im Griechischen jeder Zoll ein Stümper,[8]) ohne Erkenntniss seiner allseitigen Schwächen, ohne hinlänglich durch die Schule vorgebildet zu sein[9]) sich für befähigt haltend für die Schule ein brauchbares Werk liefern zu können.

Wer nach allem diesem noch irgend einen Zweifel an der Jämmerlichkeit der Curtiusschen Grammatik hegt, der wird, hoff' ich, die sichere Ueberzeugung davon gewinnen, wenn er hört dass die Hn. Stier und Schütz diese und die Buttmannsche der meinigen unbedingt vorziehen.

Unterm 3. April 1846 stellte ich in dem Nachworte zur zweiten Auflage meiner grössern Sprachlehre, das auch in der dritten und vierten wiederholt (1852 und 62) abgedruckt wurde, „einem gewissen geheimen Kritiker öffentlich eine Prämie[*]) von tausend Thalern in Gold,

---

[1]) S. oben S. 11. [2]) Ueber Hn. C. Formenl. S. 14 ff. Ueber die Nothwendigkeit des eignen Studiums s. oben S. 10 und Vadem. S. 15 f. [3]) oben S. 5 und Vad. 28. [4]) Ueber Hn. C. Formenl. 13 ff. [5]) eb. S. 16 ff. [6]) eb. S. 13: „Die Herren wissen nicht wie oft das was durch ungeschickte Hände geht von Glück zu sagen hat, wenn es unverhunzt bleibt." Vad. S. 15: „Ohne die Basis selbständiger Forschung vermag man nicht einmal die Leistungen der Vorgänger richtig zu benutzen und mit Geschick zu verwerthen." Ueber Hn. C. Formenl. S. 16 ff.: „Hier folgen eine Anzahl von Beispielen die besonders geeignet scheinen des Verfassers Unfähigkeit zu grammatischen Arbeiten, seine Unachtsamkeit und Flüchtigkeit, seine Fahrlässigkeit und Unzuverlässigkeit, seine Trägheit und Unwissenheit zu charakterisiren." [7]) Vadem. S. 14 ff. [8]) Ueber Hn. C. Formenlehre S. 4 vgl. 11 und Vadem. S. 15. [9]) Vad. S 20 f. und oben S. 14 [*]) Dieser Schröpfkopf, meines Wissens der schärfste, den ich jemals gesetzt, hat wunderbar schön gezogen. Was für ergötzliche Sprünge man machte, um ihn abzuschütteln; wie der fatale Mensch der allein ihn abnehmen konnte die Frechheit besass ein gerechtes Verfahren zur condicio sine qua non zu machen und statt sich mit hohlen Versprechungen abfüttern zu lassen misstrauisch Garantien forderte, die man natürlich ihm nur geben konnte, wenn man gewillt gewesen wäre die Versprechungen zu erfüllen; und wie dann ein Versuch den heftig schmerzenden Schröpfkopf

wenn er wirklich den Beweis führe dass mein Buch nur in einigen
Beziehungen vor andern Grammatiken, namentlich der Buttmannschen Vorzüge besitze."
Da diese Preisaufgabe noch in mehr als einer Hinsicht genauere Bestimmungen zu bedürfen schien, so erklärte ich mich darüber in dem 11ten meiner
kritischen Briefe, von dem der grösste Theil auch hier folgen möge:

> „Ein gutes Werk das ungewürdigt stirbt
> Würgt tausend andre die es zeugen könnte."
> Shakspeare.

„Allerdings, mein verehrter Freund, (hoffentlich wittern Sie keine Heim-
tücke, weil ich diese Benennung gegen Sie gebrauche) allerdings soll diese
Schrift, die mehrfache Zwecke hat, auch ein impelle sein (Sie wissen von wem
ich den hübschen Ausdruck gelernt habe), ein impelle für die bewusste Maske.
Sie zweifeln nicht dass diese Locomotive ziehen werde. Die bis jetzt eiserne
Maske werde sich demaskiren, um nicht den Verdacht einer eisernen Stirn zu
erregen. Dass sie es nicht früher gethan, sei wohl meine Schuld. Denn ich
hätte meine Preisstellung keineswegs mit genügender Klarheit ausgedrückt. Besonders missdeutig sei der Begriff Beziehungen. (Syntax S. 365.)
Ihre Bemerkung ist nicht ganz ungegründet und ich eile daher mich näher
zu erklären.

Bei Beurtheilung eines Werkes wie das fragliche versteht man, mein' ich,
unter Beziehungen nichts Geringeres als eben die wesentlichen Kategorien in
denen der Werth oder Unwerth des Buches sich entfalten muss. Meines Erachtens sind dies etwa folgende:
1) historische Feststellung des Sprachgebrauches,
2) Sonderung des Poetischen und Prosaischen, Attischen und Dialektischen.
3) Unterscheidung des Seltenen und Gewöhnlichen,
4) zweckgemässe Vollständigkeit an grammatischen Thatsachen,
5) Ausscheidung des für den Schulbedarf Ungehörigen, wohl gar Verwirrenden,
6) naturgemässe Anordnung mit bezüglicher Hervorhebung des Wichtigern
   und Ueblichern vor dem Unwichtigen und Seltenen,
7) Schärfe und Bestimmtheit der Fassung,
8) Auswahl zweckmässiger und zureichender Beispiele.
Die Preisstellung war nun so gemeint: wenn das bewusste Individuum dar-
thut dass meine Sprachlehre in wenigstens fünf der genannten Kategorien vor
der Buttmannschen Grammatik keine Vorzüge besitzt, so verpflichte ich mich be-
sagtem Individuum für diesen Beweis der Richtigkeit und Wahrheit seiner Beurtheilung

tausend Thaler Gold auszuzahlen.

Die betreffenden Kritiken wird das fragliche Individuum zunächst natürlich
mir zuschicken; ich werde meine etwanigen Einwendungen dagegen aufsetzen
und die beiderseitigen Schriften sollen zur Entscheidung über die Sache einer
Jury competenter und unparteiischer Philologen übergeben werden. Die Wahl
dieser Jury soll nach rechtlichen und billigen Grundsätzen erfolgen.
Sagen Sie selbst ob ich liberalere Erbietungen stellen kann. Wir beide
würden, wenn auch nicht des Geldes wegen, unfehlbar darauf eingehen. Denn
ein wissenschaftliches Urtheil zu vertreten, darzuthun dass es vollkommen der
Wahrheit gemäss sei, dass keine Rücksichten, keine — Schwächen bestimmend
auf uns eingewirkt, das, denk' ich, würden wir beide in einem Falle der Art
uns selbst schuldig zu sein glauben."

---

durch ein Geheimmittel los zu werden an des Schicksals Tücke scheiterte, alle
diese erbaulichen Geschichten habe ich im zweiten Hefte meiner Analekten S.
78—81 mit wohl verdienter Ausführlichkeit erzählt. Da' nun die ausgesetzte
Prämie fast nach einem Vierteljahrhunderte noch nicht verdient ist, so wird es
an der Zeit sein, sie mit etwas andern Beziehungen abermals auszusetzen.

Auch diese Aufforderung hat den geheimen Kritiker, auf dessen Urtheil man das officielle Verfahren gegen mein Werk gründete, nicht vermocht zu antworten und die ausgesetzte Summe zu verdienen. Da ich hienach erwarten muss dass die eiserne Stirn fortfahren werde sich unter ihrer eisernen Maske zu verstecken, so stelle ich hiemit

die Prämie von **tausend** Thalern in **Gold**
überhaupt für einen nach den angegebenen Bedingungen geführten Beweis dass mein Buch nur in einigen Beziehungen vor der Buttmannschen und der Curtiusschen Vorzüge besitze. Sollten, wie zu erwarten steht, mehrere Arbeiten hierüber eingehen, so wird die Prämie dem (mit seinem vollen Namen zu nennenden) Verfasser derjenigen die ihre Aufgabe am Befriedigendsten gelöst hat ertheilt werden.

Darf ich nicht hoffen dass von heftiger Kampflust gespornt die auserkorenen Recken der Conferenz, die Helden lobebaeren von grözer Kuonheit, H. Schütz und H. Stior sich an meine Preisaufgabe wagen werden? Aber ohne grobe Ignoranz, wenn ich bitten darf, ohne Breitspurigkeit und ohne Flunkerkritik.

Repetitio est mater studiorum.
(Aus Krügers Schrift über Hn. G. Curtius Formenlehre S. 23 f.)

„Aus dem was ich im Obigen und in dem „Vademecum für Hn. G. Curtius" gesagt habe erhellt, mein' ich, zur Genüge was von den betreffenden Leistungen dieses Mannes zu halten sei. Denken wir uns nun aber dass die felix Austria einmal aufgeregt sich erhöbe und Hn. Curtius Protectoren, seine Gönner, seine begeisterten Anhänger, seine wackern Freunde zur Rede stellte, was würde sie wohl sagen können? Etwa Folgendes:

„Ihr, die man in meinem Namen aufgefordert hat uns für eine der wichtigsten Stellen einen durch Talente und gründliche, umfassende Studien befähigten, besonders im Griechischen ausgezeichneten Gelehrten vorzuschlagen, tretet hervor und rechtfertigt euch, zeigt dass die Wahl welche ihr getroffen wirklich nach einer gewissenhaften Ueberzeugung von der Tüchtigkeit des Vorgeschlagenen getroffen sei, dass er die erforderlichen Talente und Kenntnisse besass, um — eine griechische Grammatik zu schreiben. Tretet auf und beweist dass H. Curtius im Griechischen sich als Sprachforscher bewiesen habe. Oder wenn ihr das nicht könnt, so zeigt dass er sich doch als tüchtigen Sprachkenner bewährt habe. Wenn ihr auch das nicht vermöget, so zeigt wenigstens dass er ein Werk, das zuverlässigste, durchgängig mit Fleiss und Gewissenhaftigkeit zu benutzen verstanden habe. Ist es wahr oder ist es nicht wahr dass er aus Geiz oder aus Trägheit schon seit 10—20 Jahren über Bord Geworfenes noch beibehalten hat? Glaubte der Mann etwa dass für die strebsamen Oesterreicher und die Leipziger Thomasschule mit ihrem „altbegründeten humanistischen Ansehn," das er selbst ihr nachrühmt (Vorwort zur 7. Aufl. S. IV), auch das Schlechte gut genug sei? dass sie fröhlich und genügsam ein Vierteljahrhundert hinter ihrer Zeit zurückbleiben könnten? Hat er es wirklich gewagt mit so grober Missachtung, mit so schnödem Undank, mit so frevelhafter Verhühnung das ihm gewährte Wohlwollen und Vertrauen zu belohnen? Was aber soll man von euch denken, die ihr mit Trompetengeschmetter und Posaunenschall das elende Buch verherrlicht und Viele getäuscht habet? Waret ihr wirklich so unwissend dass ihr euch Sand in die Augen streuen liesset? Oder hättet ihr nicht geirrt? Wohlan denn, Protectoren, Gönner, begeisterte Anhänger, Finasseure, Ignoranten! rettet eure Ehre, die schmachvoll in Koth getretene, rettet sie für uns alle vor einem europäischen Skandal, rettet, rettet sie oder proclamirt eure literärische Schande, dann nur die eurige, proclamirt sie vor ganz Europa durch — Stillschweigen."

Neu-Ruppin, den 30. Jan. 1869. K. W. Krüger.

S. 5 Z. 14 von unten lies: nicht leicht Jemand in. — 38, 3 v. u. l.: Peschek.

Druck von E. Buchbinder in Neu-Ruppin.